アパマン経営こそ教師にピッタリ!

生徒指導に打ち込む超多忙教師の
老後の副収入・お金を増やす仕組みづくり

けやきみきお 著

セルバ出版

はじめに

日々子どもたちの成長のためにすべての時間と労力をささげて頑張っている教師の皆さんへ本当にお疲れ様です。本書に目を止めていただきありがとうございます。

本書に興味を持ってくださった皆さんは、毎日学校現場で激務に追われている方がほとんどだと思います。

私自身もそうでしたが、平日は朝7時前には出勤し、子どもたちの部活の朝練習に付き合い、職員の朝の打ち合わせ、担任するクラスの学級活動、そして週に20時間以上の授業を受け持ち、放課後はまた部活の指導で夜7時近くまで子どもに寄り添っている方が多いのではないでしょうか。

その後明日の授業の準備をしたり、子どもたちの提出物に目を通して返事を書いたりしていれば、あっという間に夜9時を過ぎてしまいます。

そして土日も練習や試合で一日中子どもたちに付き合う・・・。そんな生活を何十年も続けてきて、50代になり、果たしてこれで退職後きちんと生活していけるのか急に不安になりました。

そんな時に出会ったのがアパート経営です。

もちろんアパートを建てればすべてがうまくいくわけではありませんが、給料以外の副収入が得られれば将来の不安を小さくすることができます。

気持ちに余裕が生まれれば、家族と未来を語ることもできます。

詳しくは本書で述べますが、アパート経営はうまくやればほとんど手間がかからず、毎月安定した収益をもたらしてくれます。

人生90年時代に突入しました。最初の30年は勉強、次の30年はバリバリ働いて子どもたちの成長を全力でサポートする。

しかしその結果、一番自分の自由になる時間が持てるはずの、最後の30年が不安なものになったのでは、人生何のために頑張ってきたのかわかりません。

本書は教師が60歳を迎えたときに、ゆとりをもって次の30年を生き抜くための方法を、私の体験をもとに書いたものです。

アパート経営は、社会貢献をしながら収入を得られる大変優れた投資法です。

私の最初の不動産経営は、失敗からのスタートでした。失敗から学んだことはたくさんあります。でも、失敗は勉強することで避けることができます。

どうか、今将来に漠然とした不安を抱えている教師の皆さん。勇気をもって最初の一歩を踏み出してください。皆様のシルバーエイジが輝かしい年月になることを願っています。

現在激務をこなしている教師の皆さん全員に、幸せなリタイアライフを過ごす権利があるはずです。

さあ一緒に人生を楽しみましょう。

２０１８年2月

けやき　みきお

アパマン経営こそ教師にピッタリ！

—生徒指導に打ち込む超多忙教師の老後の副収入・お金を増やす仕組みづくり　目次

第3章　教師のための5つの不動産購入テクニック（不動産購入ノウハウ）

第4章　教師が金融機関から融資を受ける6つのノウハウ（融資のノウハウ）

第5章　教師の賃貸経営の11の極意（運営管理、教師との両立などノウハウ）

あとがき

第1章

教師が自分と家族をどうやって守るのか
（教師の実態）

1　教師の「恐ろしい実態」はこうだ！

無制限（エンドレス）の教師の勤務実態

私が教師になった30年以上前は、よく民間企業に就職した友人から「いいよなぁ教師は夏休み40日もあって、有給休暇もたっぷりあって、夕方5時に帰れるんだよな」といやみを言われたものです。そのときは、「いや実際はそんなに休めないし結構大変だぜ」と軽く受け流していました。

最近になり、教師の勤務実態について「過労死ライン超え続出！」等の見出しを各種メディアで多く目にするようになり、いくらか世間の注目を集めるようになりました。

長時間勤務が常態化している

今も昔も、教師の長時間労働・長時間勤務は常態化しています。私が中学校の教師になった30年以上前でさえ、朝7時頃には出勤し、部活動の子どもたちの朝練習に付き添ったり、その日の授業の準備をしたりして、勤務開始時刻の8時15分を迎えていました。

その後は朝の学級指導、授業、昼は給食指導、昼休み（生徒の昼休みであり、教師は生徒に付き添ったり午後の授業の準備をしたりしている）、午後の授業、帰りの学級活動、と流れていきます。

多くの学校では午後3時45分が生徒の下校時刻でその後4時30分までが教師の休憩時間、その後

4時45分までの15分間勤務して4時45分が退勤時刻と定められています（建前上・・）。

休憩時間が勤務時間の終了間際ってどういうこと

休憩時間がなぜ退勤時刻直前に設定されているかといえば、労働基準法に「使用者は、労働時間が6時間を超える場合においては少なくとも45分、8時間を超える場合においては少なくとも1時間の休憩時間を労働時間の途中に一斉に与えなければならない」と定められているからです。

本当は昼に休憩時間を与えるべきなのですが、実際に子どもたちが活動していて休憩など取れっこないので、勤務時間の最後に休憩を持ってきているのです。

しかし、実際には各種の会議や打合せが下校時刻後に設定されることが多く、「名ばかりの休憩」です。

中学校ではさらに4時過ぎから部活動が始まります。部活動も、学習指導要領という法律で、本来は「生徒の自主的、自発的な参加により行われる」と規定されていますが、一方で「学校教育の一環として教育課程との関連が図られるように留意すること」とも規定されているのです。

つまり「教育課程外の活動ではあるけれど、学校の責任で開設して生徒をしっかり活動させてね」と言っているわけで、これは学校としてはマストなのです。

部活動中の事故やケガも学校の責任

当然部活動中の事故やケガ、生徒同士のトラブルについては100パーセント学校の（校長の）責任になりますから、顧問の教師は部活動終了時刻（たいてい6時30分から7時くらい）まで生徒の活動に付き添わなければなりません。

その後、生徒の提出物をチェックしたり、欠席した生徒の家庭に連絡したり、翌日の授業の準備をしていれば、どんなに頑張っても8時前に退勤することは難しく、中には9時、10時まで仕事をしている教師は日本全国普通にいるわけです。

1日3食すべて学校で食べている教師もいる

若い教師の中には、出勤途中に朝食をコンビニで買い込み、始業前にあわただしくパンやおにぎりをかじり、昼は給食を5分で食べ終わり、（後の時間は配膳やおかわり、後片づけの指導にあたる）部活指導が終わった夜7時過ぎに夕食を買いに出て、職員室で食べているような人もいます。3食すべて学校で食べているのです。

彼らも決してそれを望んでいるわけではなく、本当は家でゆっくり食事をしたいのですが、仕事に追われてそんな時間が取れないのが本当のところです。

部活動の顧問になると、土日もまったく休めない

さらに部活動は土日も続きます。というか、土日が活動のメインです。特に運動部や吹奏楽部の顧問は、土日も半日練習は当たり前で、試合やコンクールでは一日活動するのが基本です。

私も部活指導にのめりこんでいた30代までは、7月21日に夏休みに入って、ふと一学期を振り返ったときに、「そういえば一学期の間一日も休まなかったなぁ」なんていうこともありました。ゴールデンウイークも毎日部活をしていたわけで、今となっては「子どもたちに悪いことしたなぁ」と反省しています。

配慮が必要な子どもが増えてきている

また、教師の本来業務の授業や学級指導だけ見ても、昔に比べれば特別な配慮を必要とする生徒は確実に増えていますし（統計によれば13人に１人は何らかの特性を持った子ども、つまり各クラスに３人程度は配慮の必要な子どもがいる）、「脱ゆとり」で授業時数も増えていて、地区によっては土曜日も月２回は登校日にしているくらいです。

「冠教育」は増える一方・・・

さらに「冠教育」がどんどん学校に丸投げされてきます。「人権教育」「環境教育」「道徳教育」「食育」「ＩＣＴ教育」「オリンピック・パラリンピック教育」などが次々と文科省や教育委員会の指示

で学校に降ってきます。本当にこれらはすべて学校で指導しなければならないものなのでしょうか。

企業では「スクラップアンドビルド」が基本ですから新事業を始めればその分必ずリストラされる事業もあるわけで、仕事の総量は変わらないのでしょうが、学校は「ビルドアンドビルド」で業務量は青天井に増えていきます。心や体が疲弊して、休職や退職に追い込まれる教師は確実に増えています。

一方で最近ではこの業界がブラックであることが世間に認知されて来ているので、優秀な若者たちが集まりません。教師を志し、せっかく教員採用試験に受かっていても、採用の決定通知が来るのは早くて3月半ば、遅いと4月になってからなのが教員採用の実態です。

こんなに待たされたら、優秀な人材は早々と内定を出す企業にみんな流れてしまいます。

精神疾患に追い込まれる教師が増えている

最近では、激務で体調（特に精神面）を崩し、休職や退職に追い込まれる教師も増えています。そのため最近は教育委員会も、重い腰を少し上げて、教師に対し「自分のメンタルヘルスに注意しましょう」と言うような啓発活動を行ってはいますが、仕事量が増える一方なので、全く効果を上げていません。

精神科のお医者さんが主催するメンタルヘルス講習会に参加すると、「皆さん、心が疲れたら早めに受診してください。でも今すぐ申し込まれても3か月待ちですが・・」というブラックジョークを飛ばします。今多くの教師たちは、ギリギリの状況の中で、定年まで無事に勤め上げられるかドキドキしながら勤務しているのです。

2　教師として想定される「5つのリスク」

①教師を続けるリスク　教師を取りまくさまざまなリスクを知っておこう

教師は子どもの命を預かる仕事です。当然子どもたちの心と身体の安心と安全は最大限の注意を払って守る責任があります。

しかし学校現場はさまざまなリスクを抱えています（私に言わせれば地雷原を手探りで歩いているようなもの）。

「いじめ」の早期発見・早期対応は待ったなし！

今一番世間をにぎわせているのが「いじめ」問題ではないでしょうか。いじめを放置すれば最悪子どもは命を奪われます。教師は常に学級や学年集団の人間関係や派閥の力学に気を配り、さまざまな情報を分析し子どもたちの「本音」をキャッチしなければいじめは防げません。どんな集団にもいじめは起こります。大切なのは初期対応なのです。

しかしキャリアの浅い教師はなかなか水面下で進行しているいじめを認識できないことがありま

す。こういう場面でこそ教師集団のチームワークが必要なのですが、実際の現場では、仕事が忙しすぎて初期のいじめを見過ごしてしまうことがあることも事実です。

世間で報じられるいじめによる子どもの自殺は、どの学校でも起こりうるということを肝に銘じて日々の指導に当たらなければなりません。

不登校もなかなか減らない

それ以外にも増えているのが不登校生徒です。原因はさまざまですが、こちらも減っていません。特に「中1ギャップ」と呼ばれる中学校1年生に進学するとともに不登校に陥る生徒が一定の割合で存在します。

もちろん、中にはいじめがきっかけで不登校に陥る生徒もいるわけで、学校の責任問題として事件になることも多いです。

保護者に訴えられるリスクに備えるために、個人で賠償責任保険に加入する教師達

そのために、自分でさまざまな保険に入りリスクに対応している教師もたくさんいます。私も賠償責任保険（公務中に子どもに怪我をさせた場合に、保護者から請求された損害賠償に支払われる保険）や訴訟保険（公務中の事故が原因で保護者に提訴された際に、弁護士等を依頼する費用が支払われる保険）にはだいぶ前から加入しています。

〔図表１　不登校児童生徒数の推移〕

※文部科学省
平成２４年度「児童生徒の問題行動等生徒指導上の諸問題に関する調査」より

年度	小学校 不登校児童数（人）	中学校 不登校生徒数（人）	高校 不登校生徒数（人）	小学校 不登校比率（%）	中学校 不登校比率（%）	高校 不登校比率（%）
2004	23,318	100,040	67,500	0.32	2.73	1.82
2005	22,709	99,578	59,680	0.32	2.75	1.66
2006	23,825	103,069	57,544	0.33	2.86	1.65
2007	23,927	105,328	53,041	0.34	2.91	1.56
2008	22,652	104,153	53,024	0.32	2.89	1.58
2009	22,327	100,105	51,728	0.32	2.77	1.55
2010	22,463	97,428	55,776	0,32	2.73	1.66
2011	22,622	94,836	56,361	0.33	2.64	1,68
2012	21,243	91,446	57,664	0,31	2.56	1.72
2013	24,175	95,422	55,655	0.36	2.69	1.67

※比率は少数点以下第三位を切り捨て

こういった保険は、以前は医師など人の生死に直接かかわる職業の人が加入する保険でしたが、今は教師も普通に自費で加入しています。

小学校高学年での学級崩壊が深刻

さらに全国的に収まらないのが「学級崩壊」です。特に小学校高学年、中学校1年で多く発生しているといわれます。こちらは50代のベテランの先生が担当しているクラスでも起こっています。

特段の原因は見当たらず、なんとなく「あの担任気に入らないから暴れてやろうぜ」的な子どもの動きが増幅して収拾がつかなくなることも多いようです。

教師を辞めさせたことを自慢する生徒！

私が以前勤務していた「荒れた」中学校では、学区の小学校から進学してきた1年生の中に「6年生のときには俺たちが暴れて2人辞めさせてやったぜ！」と豪語する生徒が実際にいました（もちろんその後で二度とえらそうな口がきけないように徹底的につぶしてやりましたが・・）。

教師のあら捜しをする保護者もいる

また、学校にしつこくクレームを入れてくる保護者もいます（一時モンスターペアレントという言葉もはやりました）。

ある若い女性の先生は、授業参観の度に記録用紙に細かい字でびっしりと「いちゃもん」を書き込まれてすっかりノイローゼ気味になってしまいました。

例えば、「黒板の字が汚い」「掲示物が曲がっている」「子どもの心がわかっていない」「子どもへの声かけができていない」など言いたい放題でした。

しかも翌年その先生が自分の子どもとは別の学年に移っても、しつこくその先生をマークして、授業参観の度にあら探しを続けたのです。仲間の教師がずいぶんとカバーし、管理職もその親と話し合いを持って状況改善に努めたのですが、その親の行動は変わらず、結局その女性教師は翌年退職に追い込まれてしまいました。保護者による教師いじめ以外の何者でもありません。

②健康リスク　自分の体の不調を後回しにしてしまう教師たち

忙しさゆえに自分の健康状態にまで気が回らない教師がいます。「ちょっと胃が痛むけど、病院に行っている暇はないし、そのうちおさまるだろう」とたかをくくっていて放置した結果ガンを悪化させてしまった教師がいます。

私が今まで一緒の職場で働いた同僚教師のうち4人が、30代～40代で病気のため亡くなっています。ガンが2人、心筋梗塞が1人、くも膜下出血が1人です。

早期に検査を受けていれば助かったケースもあったと思うと残念でなりません。残されたご家族の気持ちはいかばかりでしょうか。

自分の健康は自分で守るしかない

私は毎年公費で受診できる健康診断だけでなく、自費で人間ドックを受診するようにしています。何か所見があれば早めに専門医に診てもらえるように備えているのです。

でも、人間ドックを受診している教師はまだまだ少数派です。ほとんどは年に一度の職場の健康診断（最低限定められた検査項目）で済ませている教師がほとんどですし、それすら受けない人もいるのです。

精神疾患の教師は右肩上がりで増加している

心の病も深刻です。文科省の統計によると、公立学校教師の病気休職者数は平成9年に4000人を超え右肩上がりに増え続け、10年後の平成19年には倍の8000人に増えました。その後平成29年までの10年間一度も8000人を下回っていません。そしてその中の約5000人が精神性疾患での休職です（図表2、3）。

私も今まで同じ職場の仲間が3人、うつ病で戦線離脱に追い込まれてしまいました。1人は短期で復帰できましたが、もう1人は復帰まで2年間休職、最後の1人は何回か復帰訓練を繰り返しましたが結局回復できないまま退職に追い込まれてしまいました。

復帰訓練では、軽い事務作業から始めて、徐々に仕事を増やしながら様子をみていくのですが、最後の単独作業になると、どうしても子どもたちの前に立つことができませんでした。

〔図表2　教員の病気休職者数〕

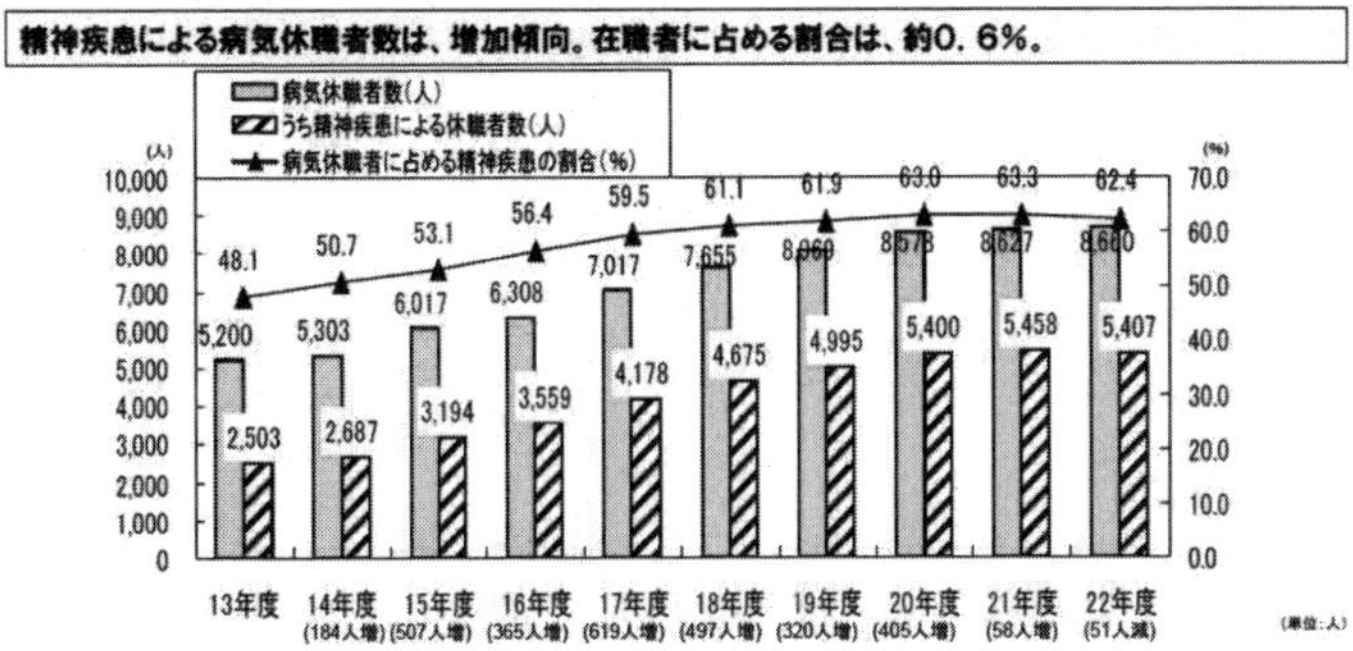

〔図表3　在職者に占める病気休業者及び精神疾患による
病気休業者の割合推移〕

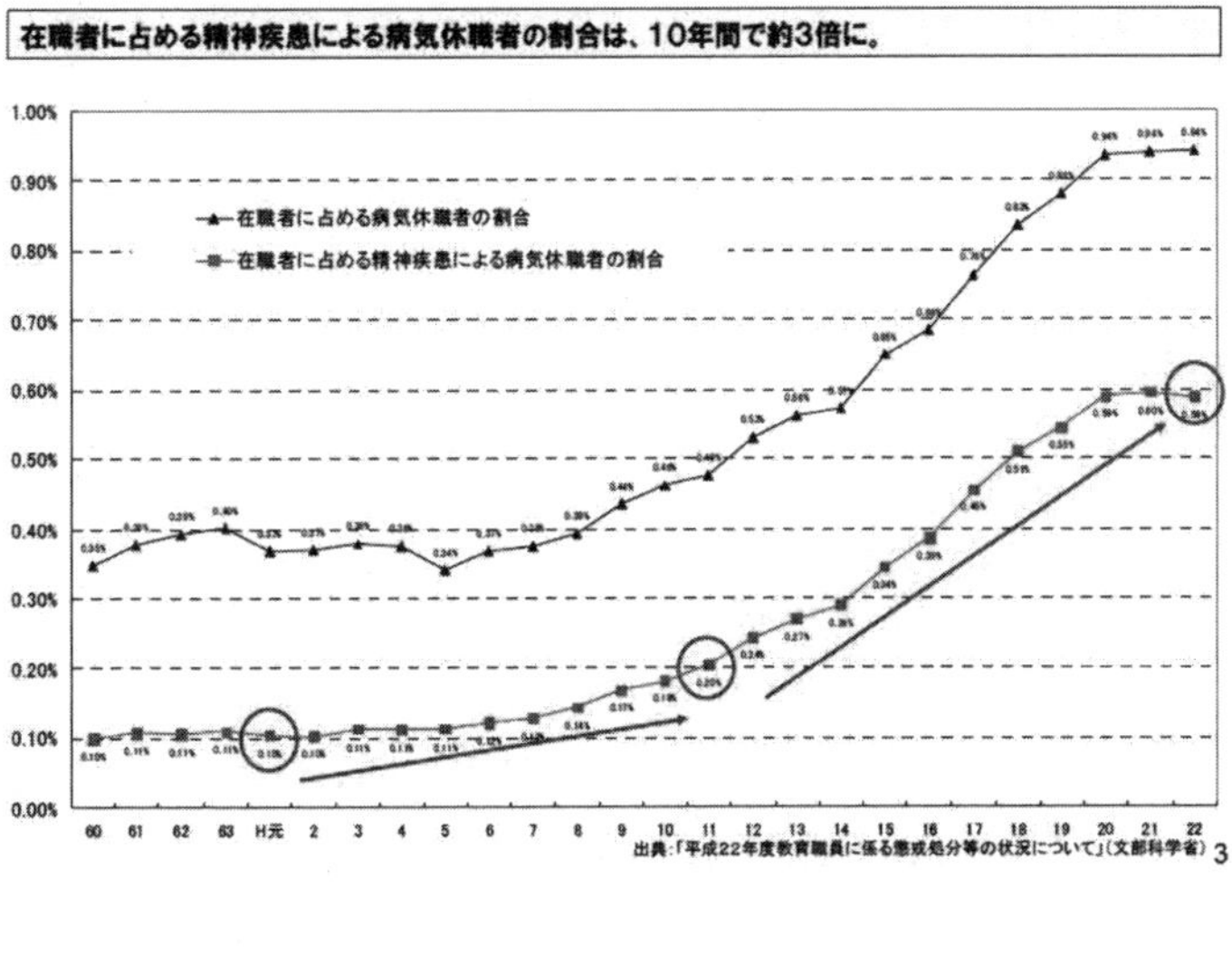

学校＝ストレス現場

学校現場はストレスに満ちています。上手にストレスと付き合えずにまともに飲み込まれると、いくら心が健康な人でも相当大きなダメージを受けます。

新卒の教師で、入学式後一週間で迎えた最初の保護者会の際に、保護者にクレームを出されてそれっきり登校できずに退職してしまった若者もいました。

私のイメージでは、日々手探りで地雷原を歩いているような感覚です。

③家庭崩壊のリスク／部活動に没頭して家庭を失った教師

部活動に没頭して、家庭を失った教師がいます。特に中学校の場合、部活のチームが強くなってくると、勝って上位大会（全国大会など）に進出したい！と思っている生徒やその保護者がその顧問の学校に集まってきます（住民票を移すことで、越境してまでその顧問の学校に通う生徒がかなりいます）。

このレベルになってしまうと、顧問は部活指導のためにそのもてるエネルギーの大部分をささげるようになっていきます。

当然すべての土日、長期休業（正月休みも含め）は練習や試合で埋め尽くされていきます。他県の強豪チームからも練習試合の誘いがかかり、遠征にも頻繁に出かけます。

しかし、家庭を犠牲にしたそんな部活漬けの生活が、家族に理解されるはずがありません。

④家庭崩壊のリスク／教師になった優秀な教え子の家庭が壊れてしまった。

私の教え子でバスケ部だった生徒が、その後大学でバスケを専門に学び、体育の教師になりましたが、彼が正にそうでした。新規採用1年目から教科指導や部活指導にとても熱心に取り組み、徐々に強いチームをつくるようになりました。そして5年もすると代表選抜チームの監督もまかされ、いつしか彼のチームは関東大会にも出場するほどになりました。

しかしチームが強くなればなるほど、当然家族と過ごす時間は限りなく削られていきます。結局彼は奥さんと2人の小さな子どもを離婚という形で失うことになってしまいました。最後は自分でもどうしようもなくなってしまったのだと思います。残念でなりません。

⑤地域の一員としてのリスク／自分の住んでいる地域で孤立する

教師として、部活の顧問として頑張れば頑張るほど休日も学校にへばりついた生活を強いられるようになっていくのは、今まで述べてきたとおりです。ということは、当然自分が住んでいる地元での人間関係もつくれないまま過ごすことになります。

地域は地域でさまざまな行事がありコミュニティーをつくっています。ところが、祭礼や地域清掃、町会の活動、地元ＰＴＡの活動などは土日や登下校の時間帯に行われていて、教師は全くと言っていいほど参加できません。

勢い「あそこの家は地域行事に全く顔を出さない」ということになり、地域から孤立していきます。

いざ退職してから地域に関わろうとしても、なかなか溶け込めずにいるケースも多いのが実態です。

⑥お金のリスク／教職調整手当が支給されてはいるが・・・

実は教師の給料は一般の公務員より基本給の４％が上乗せされています。これは「教師の仕事は勤務時間外にも生徒にかかわる業務がたくさんあるので、残業手当を出す代わりに一律給料の４％を支給する」という内容の「公立の義務教育諸学校の教育職員の給与等に関する特別措置法」という法律で規定されているのです。

しかしこの法律は１９７１年（昭和46年）に成立した法律で、その当時の平均的残業時数を、１か月８時間と見積もったものなのですが、はっきり言って今と時代が違いすぎます。

教師の勤務実態は過労死ラインをはるかに超えている

教師の一週間の勤務時間は、今や60時間を越えている割合は小学校で33・5％、中学校で57・6％です（文科省「教師勤務実態調査２０１６年度速報値」より）。

一週間あたりの正規の勤務時間が38時間45分ですから、月に直せば残業は優に80時間を越えています。現在の労働行政では、過労死ラインは月80時間とされています。

月に20日勤務として１日４時間の時間外労働で勤務時間が12時間を越えると過労死ラインを超えるということです。とすれば、先ほどの教師勤務実態調査で判明した割合の教師は、すべて過労死ラインを超えて働いていることになり、異常な勤務実態といえます。

〔図表4　教員疲労度（一般企業の労働者との比較）〕

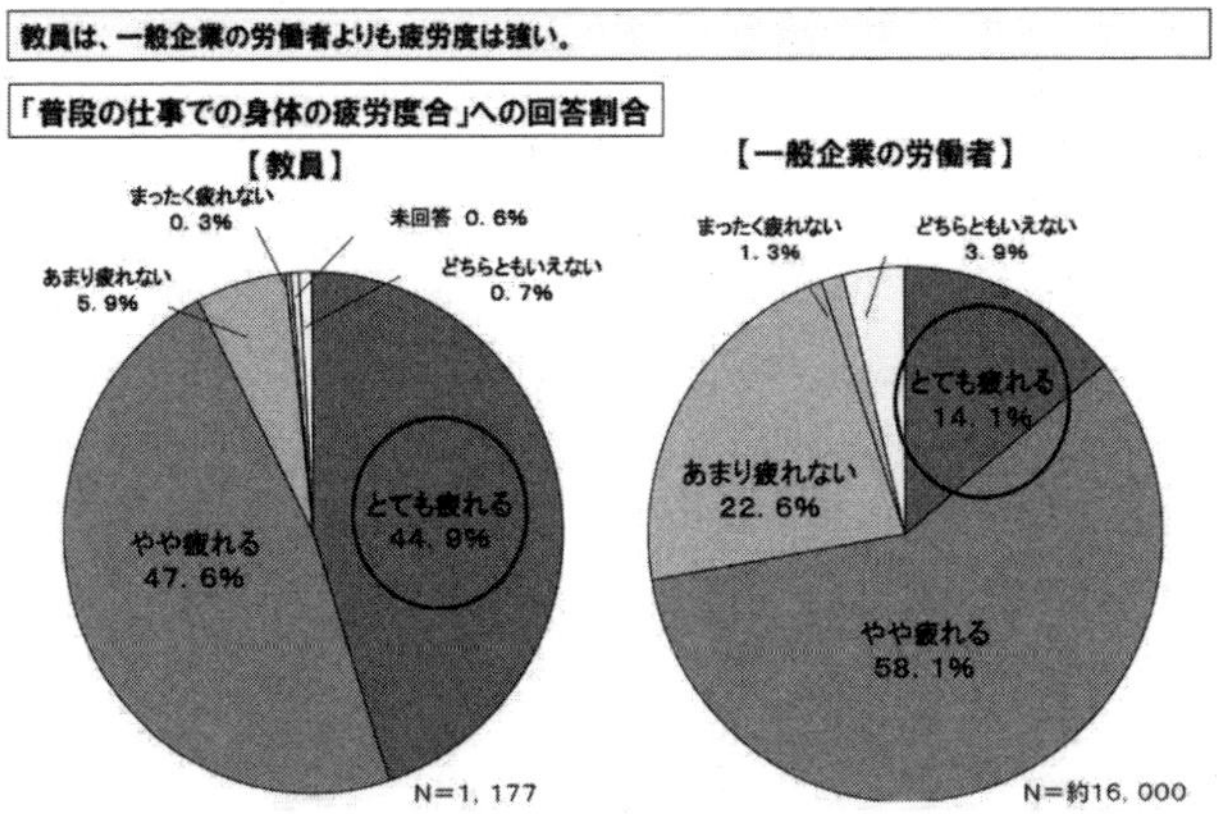

出典:「教員のメンタルヘルス対策および効果測定」(平成20年10月、東京都教職員互助会、ウェルリンク株式会社)、「平成14年労働者健康状況調査」(厚生労働省)

50代で貯金０（ゼロ）！

しかし一方で私の周りの教師たちはお金に対してまったく無頓着という人がたくさんいます。50代で貯金ゼロ！　と公言している、あきれて口がふさがらない人もいましたし、20代の新卒1年目の若者で、部屋を借りてさらにローンでスポーツカーを買って乗り回して、ボーナス使い切って同僚から借金をしているヤツもいました。

教師は業績や実績で給料が下がらないので「先々給料が減らされるかもしれない！」という危機感を持てないことが大きな理由だと思います。

教師達のマネーリテラシーはかなり低い

そこまで極端ではなくても、全般に教師のマネーリテラシーは低いと感じます。若者たちも将来の結婚資金や家の購入資金、子どもの教育資金や必要な保険などについて、プランを立てているのはほんの一部の教師だけといえるでしょう。もちろん学校で教わっていない、ということが最大の原因なのですが、民間企業のサラリーマンと比べても金融情報に疎く、自分で勉強しない（勉強する機会がない）のも大きな原因だと考えています。

給料、ボーナスが減らない　＝　お金について真剣に向き合わない

公務員の悪いところは、民間企業と違い実績によって給料が増減することが全くないので、お金について真剣に向き合って考える機会がないところが大きいと思います。まじめに働いてさえいれば「最後は退職金と年金で何とかなるさ」と漠然と根拠のない理由で安心しているのです。

そして50代になって年金定期便が届くようになって、「えっ、たったこれしかもらえないの！」と真っ青になるのですが、時すでに遅し！　50代から打てる手はそんなに多くはないのです。

本書では教師の皆さんを中心に、皆さんのマネーリテラシーの向上のため、不動産経営について必要な情報をわかりやすく提供できればと考えています。

3　ライフイベントと必要なお金

人生の節目に必要なお金を知っておこう

ライフイベントとそれに伴う費用については、さまざまな情報が提供されていますが、ここでは

〔図表５　主なライフイベントとその費用〕

ライフイベント	平均の費用	あなたの考える費用
就職（就職活動費）	16 万円	
結婚費用	461 万円	
出産費用	49 万円	
子どもの教育費用	969 万円　※１	
住宅購入費用	3320 万円　※２	
老後の生活費	28 万円／月・世帯 ※３	
介護費用	16 万円／月　※４	
緊急資金	60 万円	

※１　幼稚園から高校まで公立、大学のみ私立の場合
※２　建売住宅の場合、マンションの平均は４２50 万円
※３　高齢夫婦無職世帯の月平均支出
※４　介護保険受給者一人当たりの費用

日本ＦＰ協会の資料を基に、教師の生涯でのお金の出入り（キャッシュフロー＝ＣＦ）を見ていくことにします。モデルとしては大卒後22歳で教師になり、27歳で結婚し、妻が専業主婦で現在３歳と１歳の２人の子どもがいる30歳の男性を考えてみます。

主なライフイベントと必要な費用

主なライフイベントと、そこで必要な費用を図表５に示します。これはあくまでも全国平均値なので、読者の皆様も、自分の住む地域の実情や希望する生活レベルに当てはめて数字を記入してみてください。なお、この数字はあくまでも平均であり、すべて私立学校に通わせたり、注文建築の家を選んだりすれば、費用はずっとかさむことを覚えておきましょう。

この金額を多いと感じるか、妥当だと感じるかは個人差があると思いますが、子ども2人を大学まで進学させて、家を買い、さらに老後の生活費を蓄え・・・と電卓をはじくまでもなく、かなり家計は厳しいということが実感できるのではないでしょうか。まずは、大雑把でもよいので、人生における収入と支出を把握しておく必要があります。現実と向き合い、現実から目をそらさずにきちんと対策を考える必要があります。

4　教師の生涯賃金はいくらか

職位によって昇給のカーブは違うけれど55歳で昇給停止
教師の世界だけ、長年鍋蓋構造だった

私が教師になった頃は、よく「教師の世界は鍋蓋《なべぶた》社会だから」と言われていました。つまり校長・教頭だけが2人だけぴょこっと出っ張っていて、後は年齢にかかわらずすべて教諭で横並びの構造が、まるで真ん中にちょこっとつまみが出っ張っている鍋の蓋にたとえられていたのです。

しかし一般の役所の公務員の世界では、ヒラ、係長、課長、次長、部長、副首長、首長と階級があり、階級が上がるほど決済の権限と責任が大きくなり、それに伴い給料も増える制度設計になっています。

そのため行政の側の公務員から見ると「教師の鍋蓋《なべぶた》構造はオカシイ！　年代によって果たしてい

る役割や責任も違うのに、同じ給料表とはケシカラン！」という動きが起こり、15年ほど前に「主幹教諭」という中間管理職が誕生しました。

そしてその後職層の細分化が進み、現在では、教諭、主任教諭、主幹教諭、副校長、校長、統括校長、の６段階の職層に整理されました（でも学校は所詮出先機関なので、校長でも役所の課長と同じ扱いなのですが・・・）。

各種手当は、すべて廃止された

また、バブルの頃はさまざまな手当（部活指導手当、被服手当、図書手当など）が支出されていましたが、今はすべて廃止されています。

退職金もピーク時は最後の給料の65か月分以上支給されていたようですが、今では最後の給料の45か月分が最高で、勤務年数が短ければさらに減らされます。この原稿を書いている２０１８年２月現在、今年度末からさらに42か月分まで減額されるというニュースが飛び込んできました。

55歳で昇給停止

さらに昇給カーブも以前よりフラットになり、55歳で昇給停止となり昇給は打ち止めとなります。

図表６は最短で昇任した場合の給料の推移を示したグラフですが、もし、教諭のまま退職した場合は、生涯賃金は退職金も含めて2億６千万円くらいです。

〔図表６　教育職員年収の推移〕

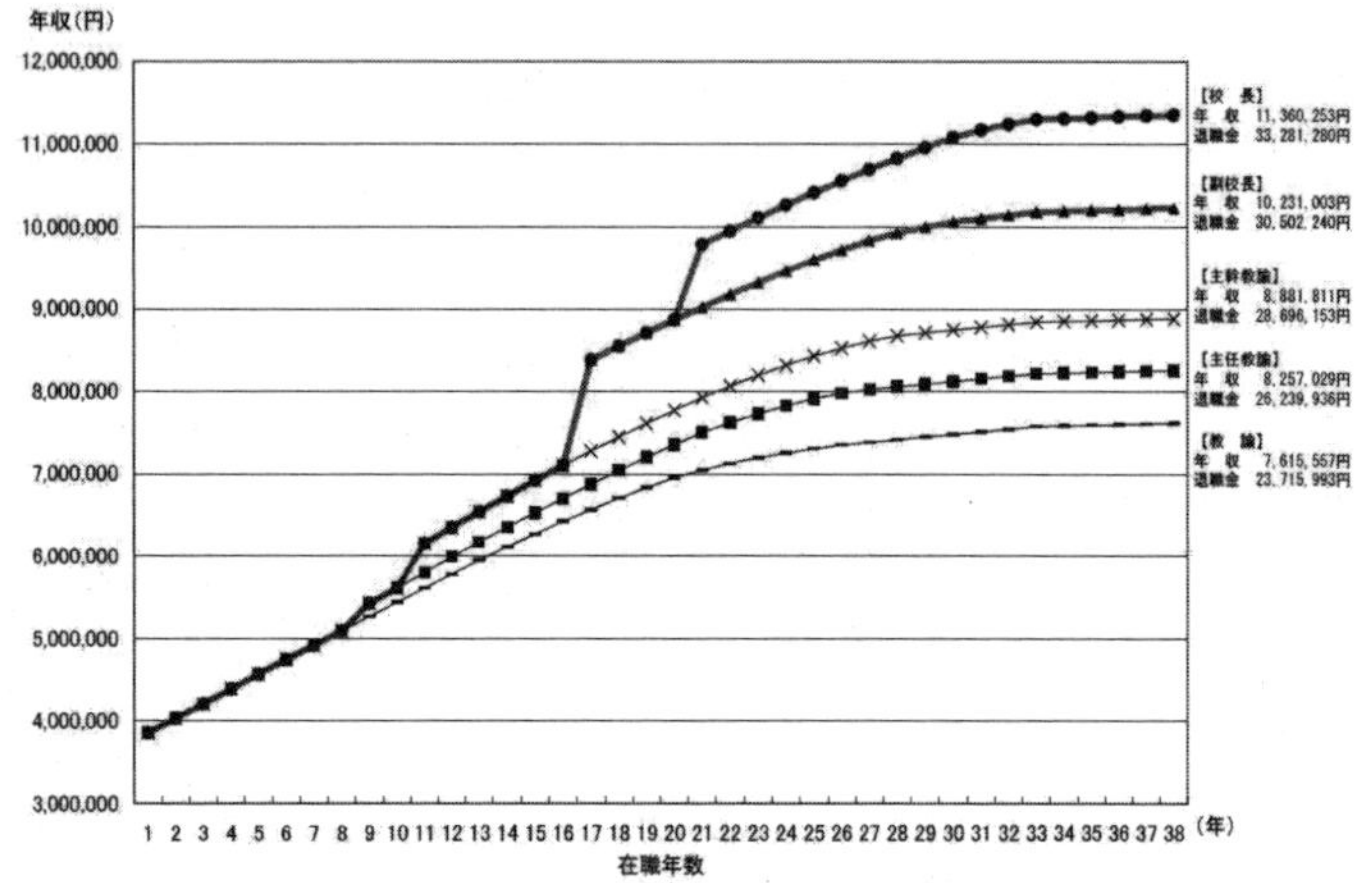

〔出展:東京都教育委員会〕

〔図表７　生涯給料ランキング【東京都】（１～50位）〕

順位	社名	生涯給料（万円）	平均年収（万円）	平均年齢（歳）
1	M&Aキャピタルパートナーズ	10億1400	2,253	30.5
2	GCAサヴィアン	8億3611	2,153	37.1
3	三菱商事	5億1199	1,445	42.6
4	日本M&Aセンター	5億0414	1,237	34.7
5	ドリームインキュベータ	4億9727	1,195	33.7
6	三井物産	4億8558	1,363	42.4
7	ヒューリック	4億6145	1,295	40.8
8	電通	4億5844	1,228	39.5
9	丸紅	4億4743	1,226	41.4
10	住友商事	4億4059	1,255	42.9
11	野村総合研究所	4億3466	1,156	39.5
12	三菱地所	4億1945	1,180	40.9
13	ジャフコ	4億1133	1,205	42.0
14	WOWOW	4億0765	1,048	40.9
15	シグマクシス	4億0233	1,036	37.1
16	商船三井	4億0162	1,000	37.7
17	三井不動産	3億9901	1,128	41.1
18	日本郵船	3億9164	1,036	39.8
19	双日	3億9011	1,095	42.4
20	ケネディクス	3億8701	1,066	40.5
21	飯野海運	3億8570	956	37.3
22	第一三共	3億8336	1,092	43.0
23	アステラス製薬	3億8075	1,068	42.3
24	共栄タンカー	3億8057	987	39.1
25	ラクト・ジャパン	3億7922	903	35.8
26	エーザイ	3億7707	1,093	43.8
27	ビーロット	3億7091	881	33.8
28	日本オラクル	3億6672	1,013	40.9
29	川崎汽船	3億6623	920	38.0
30	アクセル	3億6558	1,000	41.4
31	グリー	3億5938	747	32.3
32	ペプチドリーム	3億5828	944	39.5
33	国際石油開発帝石	3億5360	939	39.7
34	東栄リーファーライン	3億5127	950	40.6
35	シンバイオ製薬	3億5063	1,112	48.4
36	サントリー食品インターナショナル	3億5008	982	39.1
37	ムゲンエステート	3億4847	930	38.8
38	東京建物	3億4821	982	41.0
39	オービック	3億4491	823	36.0
40	サイバーエージェント	3億4189	772	31.1
41	GMOクリックホールディングス	3億4044	910	36.2
42	三菱総合研究所	3億3757	982	42.9
43	東宝	3億3744	890	39.2
44	中外製薬	3億3699	935	41.8
45	三洋貿易	3億3685	905	40.6
46	KDDI	3億3450	951	42.0
47	日本証券金融	3億3316	957	41.8
48	ジャストシステム	3億3239	884	39.5
49	伊藤忠エネクス	3億2941	896	41.1
50	ディー・エヌ・エー	3億2886	777	32.9

(注)生涯給料は各社データと厚生労働省「平成26年度賃金構造基本統計調査」を基に試算
(出所)有価証券報告書(2015年6月期～2016年6月期)

〔出展:東洋経済オンライン2015年11月10日号より(生涯給料トップ５００社ランキング2015)〕

就職後最短の8年で主任教諭に昇任し、そのまま退職した場合は2億9千万円くらいです。就職後最短の8年で主任教諭に昇任し、最短の3年で主幹教諭に昇任し、そのまま退職すると、生涯賃金はやっと3億円を少し越えます。もし、最短の42歳で校長に昇任し（そんな人は聞いたことがないが・・）定年まで校長を務められれば、初めて年収が１１００万円を超え、生涯賃金はやっと3億5千万を超えます。

民間企業は

民間では生涯賃金が3億円を超える会社は１８０社、2億5千万円を超える会社は５００社以上あることを考えると、この賃金はそれほど高くないと考えてよいでしょう。

国や自治体は、「公務員に高給料を与えればサボるし、減らし過ぎれば組合活動で突き上げられる。まあ死なない程度には養っておこう」と考えている節がうかがえます。昔から公務員は「生かさず・殺さず」なのです。

5　結局、自分の人生は「自己責任」

教師の待遇は恵まれているというが・・・

教師は、客観的に見て、待遇面で一般の公務員に比べて恵まれていると考えられています。一番は先述した教職員調整手当です。これは基本給の4％が一律支給されるという手当です。基本給30万円に対して1万2000円の上乗せです。

金額についてはいろいろ考えがあると思いますが、上乗せが全くないよりは恵まれていると考える人もいると思います。

しかし、この手当と引き換えに、日々の残業や土日も続く部活指導などの子どもに寄り添う活動はどんなに長時間にわたっても、基本は無給です。これらの拘束時間を考えればこの4％の上乗せが、いかにむなしいものかわかると思います。実感としては「ないよりマシ」程度です。

長期休業期間はどうだろう・・・

教師と聞いて一般の人たちが真っ先に思い浮かべるのが「長期休業」ではないでしょうか。確かに昔も今も学校には「夏休み」「冬休み」「春休み」の長期休業期間があります。この間授業は行われないので、子ども達は登校の義務はありません。

私が教師になった今から30年以上前は、教師の「研修権」が広範囲で認められていました。そのため長期休業中は「研修届」さえ提出しておけば、学校に一切出勤しなくてもよかった時代もあったのです。研修届の項目は「研修場所」と「研修内容」だけを記載すればよかったので、ほとんどの教師は研修場所を「自宅」研修内容を「教材研究」とだけ記入してそれで自由に長期休業期間を過ごすことができました。

実際には、私は補習や部活指導、プール指導や日直勤務などで、休業期間の半分以上は学校で仕事をしていましたが、それでも日々の授業から解放されて、精神的には余裕をもって「何か新しいことに挑戦してみるか！」という気持ちになれました。おそらく世間の人々はこの時代の教師のイメージを引きずっているのだと思います。

子どもはいなくても、教師は出勤

しかし、今は違います。自宅研修は一切認められなくなりました。教材研究をするなら「出勤して学校でやれ」というわけです。まあ当然と言えば当然なのですが、教科によっては自宅ではできない教材研究もあるわけです。

例えば、社会科の教師であれば、長期休業期間を利用して日本全国を旅して、現地の状況を自分の目で確かめたい、という願いもあるでしょうし、英語の教師であれば、海外で自分の英語力を磨きたい、という願いもあります。しかしそれらはすべて「年休」いわゆる有給休暇で対応しなければならないのです。確かにどこまでが「研修」でどこからが「プライベート」なのかという線引きは難しいですが、研修旅行ぐらいは認めてもいいのではないかな、と個人的には思っています。

公務員性悪説が幅を利かせている

民間の企業に勤めている方や、自営業の方たちと話をしていて、公務員に対して非常に「見下した」態度を取られたことが何回もあります。例えば保護者面談をしていても、「いつも子どもがお世話になっていていてありがとうございます」という挨拶は、仮に社交辞令だったとしても、ないよりはあったほうがいいと思っています。

しかし中には「君たち公務員は私たちが払った税金で養っているんだ」と露骨に言われたことも何回かあります。また「どうせ仕事してもしなくても給料変わらないんだから、君たちがまじめに働くわけがない」と言われたこともあります。そんな人たちの認識は、最初から「公務員」＝「必要悪」または「公務員」＝「性悪」なのです。この考えを覆して、私たちの存在意義を認めさせたい気持ちもありますが、子どもと違って大人はなかなか変わるものではありません。

また、そんな保護者の下で育てられた子どもたちも教師を「見下す」ようになっています。教師も人間ですから、そんな子どもたちのために自分の時間を犠牲にしてまで関わろうとは思いません。

結局そんな人たちとは事務的なお付き合いしかできません。それでも子どもたちのために日々努力を惜しまないのが大多数の教師たちなのです。

逆風に負けずに、未来の希望と夢を育てるには

そんな教師に対するさまざまな逆風にさらされても、へこたれず前を向いて進むためには、1つは教育に対する自らの信念を貫くタフなメンタルを持ち続けることです。そのためには教師としての力量を高め、主役である子どもたちからの信頼を勝ち取ることが最も大切です。

子どもたちはある意味私たち教師を「フェア」に評価してくれています。「あっ、この先生、本気で自分のことを心配してくれている」とか「授業は下手だけど、一生懸命私たちに勉強がわかるように指導してくれている」など、子ども達に真剣に向き合えば彼らは必ず評価を返してくれるものです。その評価こそが私たちの明日へのエネルギーになります。

将来への備えも絶対必要

しかし、そんな教師であるがこそ、将来への備えが不十分になりがちなのです。日々目の前の子どもへの指導に夢中になり、自分の将来の生活を考えていない（考える余裕がない）教師がほとんどです。ですから私は、そんな教師たちにこそ不動産経営を通して安定した副収入を得てほしいと考えています。これからの時代は給料は上がらない、退職金は減らされる、年金の支給額が減らされる、年金の支給年齢も引き上げられる、など教師を取り巻く財政状況はよくなる要素が見当たりません。人生の活躍期でバリバリ働いている今こそ、将来のための勉強と投資を考えてほしいと思っています。

6　まずは教師の厳しい現実と向き合おう！

さまざまなストレスにさらされている教師の実態

教師は、学年や学級・時には全校生徒という集団を単位に、指導・助言することが職務です。そのため、この職業を続けていく上で、対人関係のストレスは避けて通れません。むしろ日々人間関係のストレスを溜め込むことが仕事になっている感すらあります。

対人関係以外にも、長時間勤務のストレス、給与削減のストレスなどさまざまなストレスが教師に襲い掛かってきます。そんなストレスフルな環境の中、「子どもたちの成長を信じて」日々自分を奮い立たせて、子どもたちや保護者と対峙し続けているのが今の教師たちの実態なのです。

学級崩壊のストレス

学級崩壊という言葉は、かなり以前から使われていますが、今でもそのリスクは減るどころか、以前よりその原因も見えにくく、「ある日突然」子どもたちがコントロール不能に陥って、クラスがばらばらになってしまうことが散見されています。

私の感触では、若い20代30代の教師よりも、大ベテランの50代の教師に多いように感じます。

ベテラン教師ほど危険

ベテラン教師たちは、「自分のスタイル」がある意味確立されている教師がほとんどです。彼らベテラン教師の行動は、長年そのやり方でうまくやってきた、という自負や成功体験に裏づけられています。

ところが、昔と今とでは肝心の目の前の子どもたちの気質や規範意識が大きく変化してきているのに、その変化にうまく対応できずに、「自分流」の指導で子どもたちを納得させようとすることで、むしろ子どもの反発を買うケースが見られます。

指導に従わない子どもが増えている。

一昔であれば当たり前であった「子どもは大人の言うことを素直に聞く」と言う規範意識は、今は薄れてきています。子どもたちは、興味関心のないことや、取り組む理由がよくわからないことを指示されても、素直に指示には従おうとしません。「やってらんね〜」と課題を放り出し、好き勝手なことを始めます。

これが1人や2人なら何とか押さえ込むこともできるのですが、この段階で、有効な手立てを打てずに彼らを放置してしまうと、やがて彼らに同調して好き勝手を始める子どもたちがグループ化してきます。

こうなると、もう一筋縄ではいきません。

常にそのグループが授業を妨害し、授業が成り立ちません。教師ももぐらたたき状態となり、ストレスレベルは一気に上昇します。

もし、彼らを大声で叱り飛ばしたり、たち歩きをとめよう肩を押さえたりすると、「体罰だ！」「教育委員会に訴えてやる！」といっそう騒ぎ始めます。もう1人の担任教師の手には負えなくなっているのです。

子どもの後ろには、保護者が控えている

そんな「荒れた」状態がしばらく続けば、当然保護者も騒ぎ始めます。「ちゃんと授業を進めてください」という至極真っ当な意見も来ます。

このときに、授業妨害をしているグループの保護者に「お宅のお子さんが授業を妨害して困ります」などと言おうものなら、「先生はプロなんだから、子どもの指導ができて当たり前ですよね。それができないのは教師として失格じゃないですか」と自分のしつけができていないことは棚に挙げて、教師に反撃してきます。

この段階になると、もはや子どもと教師、保護者と教師の信頼関係は完全に崩れていますので、クラスの建て直しは非常に困難となります。

悪いうわさは、盛られてＳＮＳで拡散する

また今はＳＮＳの時代ですから、悪いうわさは大きく盛られて、あっという間に保護者全体に拡散します。こうしてクラスを「荒らした」教師としてレッテルが貼られてしまうのです。

定期的に実施される授業参観日には、該当クラスの保護者が押し寄せます。目的はただ1つ、その教師のあら捜しをするためです。

アンケートを見ると、重箱の隅をつつくようなクレームがびっしり書き込まれています。明らかに保護者による「嫌がらせ」なのですが、教師が反論することはできません。

こうして精神的に追い込まれていく教師が、小学校高学年の担当を中心に増えているのです。

長時間勤務によるストレス

「教師の実態」のところでも述べましたが、今の教師の勤務実態は完全にブラックです。タイムカードなどもほとんど導入されていないので、どのくらい超過勤務が発生しているか把握できていない点も問題です。

小学校の担任は、トイレにも行けない

小学校の教師は、朝職員室を出て教室に向かうと、夕方まで職員室に戻れない教師が大勢います。特に低学年を担当すれば、休み時間も子どもから目を離せません。午前の授業が終わったら休む間もなく給食指導です。

こちらも命に関わるアレルギー対応や、好き嫌いに対する指導、またこぼしたり、ひっくり返したりが毎日のように発生するので、その度に後片づけの対応をしなければなりません。やっとの思いで「ごちそうさま」までこぎつけたら、昼休みは外で一緒に遊びながら事故やケガがないように見守ります。

そして午後の授業へと続いて、授業が終われば清掃に付き添い、やっと子どもが下校するのは16時過ぎ、それこそトイレに行く時間も取れないのが実態なのです。

名ばかりの「空き時間」

中学校では教科担任制なので、週に20～24時間程度の授業の合間に毎日1時間程度、授業以外の「空き時間」がありますが、実はこの時間は「空き時間」ではなく、次の授業の準備をしていたり、クラスの生徒の提出物をチェックしたり、いろいろやりたいことをやるための時間として予定が入っています。でも教師にとっては、この時間は子どもと向き合ってはいないので、少しは緊張が解ける時間でもあります。

中学校は放課後の部活指導が思い負担に

しかし中学校には放課後の部活指導があります。そのため顧問になれば最終下校時刻の18時30分とか19時まで練習に付き添い、その後やっと自分がやりたい仕事を始めることができるのです。もちろん土日も部活指導で消えていきます。

給与削減のストレス

公務員＝税金泥棒　オイオイ・・・

世間ではいまだに「公務員は俺たちが払った税金を無駄遣いしている」とか「仕事をしてもしなくても給料が変わらない」「世の中不景気なのにリストラもされずにいい身分だ」など公務員に対

する誹謗中傷の声が止みません。

たった４％の手当で無制限に働かされている教師たち

しかし公務員である教師の実態は、残業手当も支給されず、時代遅れの教職調整手当て４％だけで無制限に仕事に追われているのです。

しかも近年公務員の給与に関しては、削減の方向が鮮明になっています。２０１３年度以降、国家公務員の給与は平均７％以上削減されていますし、この流れは地方公務員にも広がっています。

本来は積み立てた給与の後払いであるはずの退職金もピーク時に比べると4割近く削減され、２０１８年３月以降退職を迎える教師たちからはさらに減らされることが決まっています。仕事は増え、給与は減らされる。年金だって支給年齢が65歳に引き上げられました。そのうち70歳になるかもしれません。これで未来に明るい希望が持てるのでしょうか。

給与や退職後の生活についても先々不安だらけなのが教師の実態なのです。

つぶしがきかない教師

教師たちは長年子どもに寄り添い、子どもの成長だけに力を注いでいますので、自分の専門以外の領域に関しては、全くといっていいほど知識や経験が不足しています。俗に言う「教師バカ」なのです。

そのため仮に病気やストレスで、教師を続けられなくなったとしたら、転職に関しては全くといっていいほどつぶしがききません。教師には営業経験というものがありません。下手に立って物やサービスを提供したことがないのです。またコスト感覚にも乏しいです。民間企業では常識とされている、利益優先の感覚は全くといっていいほど持ち合わせていません。

「教師バカ」は転職できない

悲しいことですが、電話の受け答えも満足にできない教師は大勢います。ある意味若手もベテランもフラットに「先生」と呼び合う環境ですから、企業の縦社会には順応できない教師がほとんどです。かといって自分で商売を始める才覚もありません。そんなトレーニングは全く受けていないからです。せいぜい塾や予備校の講師の口にありつければ御の字でしょう。それはそれで実力で評価される世界ですので、対応するのが厳しい人も、大勢いるのが現実です。

いろいろな意味で、全くと言っていいほどつぶしがきかないのが教師なのです。

生き生きと教師生活を全うするためにも、副収入を得ることを真剣に考えよう

このように、世間から見れば特殊な世界で日々頑張っている教師が、将来に希望が持てるようになるためにも、私は教師こそ副収入を得ることが大切だと考えています。

それは単に経済的に安定するだけでなく、家族と過ごす明るい未来を展望することができるから

です。経済的な余裕が生まれれば人生の選択肢が広がります。自分や家族の幸せに向き合うゆとりがもてます。

そして何よりゆとりがあれば本業の教育活動も、「頑張ろう」と思えてきます。日々目の前の子どもたちの成長を信じて頑張っている教師の皆さんにこそ、自分がやりたい前向きな教育活動を実践してもらうためにも、ぜひ不動産経営で気持ちの余裕を持ってほしいのです。

最初に、「仕組み」さえつくってしまえば、ほとんど手間がかからないのが不動産経営

皆さんの中には、「不動産経営」と言うと「地主さんやお金持ちが取り組むものじゃないの・・」と思う人も多いと思います。確かに先祖代々受け継いできた土地でアパートやマンションを経営している人たちはたくさんいます。しかし私は、むしろ不動産経営は時間に余裕がない教師にこそ向いている副業ではないかと考えています。

また「副業」と聞くと、「公務員は副業禁止だよね」と考える人も多いと思います。詳しくは第5章で述べますが、不動産経営はルールを守って行えば副業には当たりません。ほとんどの業務を外注できるので、オーナーは何もすることがないので、安心して職務に専念することができるのです。

まず、職務に専念しよう。副業＝投資とは違う！

サラリーマンの副業というと、世間では「株式投資」「FX取引」「物販」などさまざまな情報が飛び交っています。

副業に関する書籍も数多く出版されていますし、書店に行くと副業専門のスペースを設置している書店さえあります。

また一部報道によれば、民間企業では「2018年は副業解禁!」のような情報もあり、かなり副業が身近になったと感じられます。なんとなくお手軽にとりくめそうな雰囲気もありますね。

しかし注意してほしいのは、私たち公務員である教師は、「職務に専念する義務を負っている」ことです。

私たちには勤務時間中は(と言うか勤務時間以外も)目の前で活動する子どもたちの安心と安全、心身の成長のため、全力で教育活動に取り組む義務と責任があります。そんな教師が勤務時間中にパソコンやスマホで株式の売買を行っていたら、これは重大な「服務事故」です。職務に専念する義務に反しているのですから弁解の余地はありません。

その点不動産経営は、「仕組み」さえつくってしまえば、後は何もすることがありません。せいぜい毎月の家賃の入金を確認することぐらいですし、仮に退去や修繕が発生したとしても、土日に業者と連絡を取れば済んでしまいます。

つまり、安心して職務に専念しながら経営できるところが不動産経営の最大の特徴であり、他の副業と一線を画する点なのです。

詳細については第2章以降で述べることにします。

第2章

教師が
アパマン経営をする
５つのメリット
（お金の不安解決策）

1　そもそも「教師の属性」ってなに

市区町村がスポンサーだから絶対につぶれない、リストラされない！

教師の「属性」は・・・？

もともと「属性」とは金融機関がお金を貸しても大丈夫かどうか判断するための総合的な評価みたいなものです。つまり貸倒れのリスクを評価する総合的な指標です。

項目としては、「勤務先と勤続年数」「年収」「自己資金」「金融資産」「持ち家かどうか」「家族構成」などですが、「人柄」「携帯電話を所持しているか」などという項目も含まれるそうです。

大企業に勤務するサラリーマンは「高属性」

勤務先が大企業であれば、離職率は低いと考えられるので評価はプラスです。年収や自己資金も多いほうがプラスです。もし不動産経営中に、修繕や退去など出費がかさんだり、家賃収入が減ったとしても、耐えることができると考えるからです。

私たち素人が考えても、大体の年収と自己資金がわかれば、その人の消費（浪費）傾向はつかめますよね。年収1000万円なのに自己資金が0だと「いったいどれだけ無駄遣いしているんだ！」と言う評価になります。

銀行目線で「教師」を見ると・・・

私も不動産経営を始めるまではまったく意識していませんでしたが、銀行目線で考えると、教師を含む公務員は「最強」です。今まで銀行から融資が受けられなかったことはほとんどありません。

つまり教師を含む公務員は、雇用主が国や自治体なので「絶対につぶれない、リストラされない」からです。銀行としては安心ですよね。

2　銀行は教師のこんなところを見ている

教師は「まじめな」職業、しっかりした人物に違いない・・？
銀行員は、「教師」＝「堅い職業」＝まじめに返済する、と考えている

銀行員との面接で名刺交換をすると、「学校の先生をやっていらっしゃるのですか」と言う尊敬と安心のまなざしで見られることが多いです。良くも悪くも「教師」＝「固い職業」「まじめな性格」と言うイメージが浸透しています。

どうも銀行員から見て教師は「教師なんだから私生活もしっかりしているだろう」「教師なんだからお金に対してもしっかり管理しているだろう」と言う思い込みがあるようです。

これは大変ありがたい「勘違い？」で、実は教師の中にもだらしない人は多いし、お金にルーズで貯金ができない人も結構多いのですが、銀行員は教師と言う肩書きに割りと弱いようです。融資の交渉は比較的スムーズに進むことがほとんどです。

もちろん「自己資金」や「金融資産」等は数字で客観的に評価されますが、「人柄」で高評価を得やすいのは教師ならではのメリットといえるでしょう。

3　教師は公務員だから有利、夫婦で教師なら「最強？」

夫婦で収入合算すれば評価も2倍

もし、夫婦で教師を含む公務員であれば、銀行の評価はさらに高まります。役職や勤続年数が一緒ならば、公務員には男女の賃金格差がないことは銀行員もよく知っています。属性評価に当たっては夫婦の収入を合算して考えますので、当然評価も2倍になります。

教師の中には夫婦で教師、または妻や夫も公務員、という方は大勢います。融資を受けるには「夫婦で公務員」は「最強」なのです。

夫婦でよく相談して、2人3脚で取り組むのがベスト

しかし、中には不動産経営を始めようとしたときに、配偶者の理解が得られずに踏み出せない、という人がいるのも事実です。これは大変もったいない話なので、夫婦でよく将来予想されるリスクについて話し合って、お互いに力を合わせて不動産経営に取り組まれることを願っています。

4 「お金を増やす仕組み」をつくれば、あとはお任せ

業務を「外注」できるのが不動産経営の大きなメリット

不動産を取得すると、いよいよ経営が始まります。そうすると、不動産経営はさまざまな部分で仕事を外注することができ、オーナーはあまりすることがないことに気がつきます。

日常の管理、清掃等は管理会社が行います。料金は家賃の5％とか月に1万円とかこれは契約によりますが、オーナーが自分で清掃する必要はありません。

管理会社によっては清掃後の状態を写真に撮ってメールで送ってくれる会社もあります。家賃の回収、送金も管理会社が行ってくれます。基本的にオーナーは家賃が振り込まれたことを確認するだけです。

管理会社が、オーナーに代わって気にしてくれる

退去が発生すると、すぐに管理会社が次の入居者を探します。時期にもよりますが、早ければ同じ月内に、遅くとも3か月程度で次の入居者が決まります。

ただし、募集条件は工夫する必要があります。もし2か月以上入居が決まらなければ、相場より1000円～2000円家賃を下げるという提案を受けますが、それより1か月家賃無料（フリー

レント）という条件で募集をかけることをおすすめします。

一度下げた家賃はその入居者が入居している間は、上げることができませんが、フリーレントで入居が決まれば家賃を下げる必要がありません。長い目で見ればこちらのほうが収益が上がります。

入居者プレゼントは入居づけに効く

またオーナーによっては入居を決めてくれたら1万円程度の家具、家電、自転車等をプレゼントする、という特典を設けて募集をかけている人もいます。

いずれにせよ、退去は発生しますので、管理会社とよく事前に相談して、どのような条件で募集をかけるか決めておくとよいでしょう。

最小限の経費で次の入居者を決める

退去に伴い、室内のリフォームが必要となる場合があります。敷金を預かっていればその金額内で対応します。程度にもよりますが、きれいに使ってもらえれば、鍵の交換とルームクリーニングで済む場合もあります。

しかし喫煙者が退去した場合は、ヤニ汚れやにおいが取れないため、クロスを張り替える必要があります。またエアコンの洗浄や照明器具の取替えなどがあると10万円近い出費となることもあります。

管理会社に裁量権を与えておくと、すばやく対応できる

私の場合は、10万円までは業者の判断で修繕ができるようにしてあります。10万円を超える費用がかかる場合だけは連絡を受けて、なにをどこまで直すか個別に検討することにしています。

リフォームは基本的に現状復帰です。家賃を上げるため、付加価値の高い設備を追加するヴァリューアップとは分けて考えましょう。

5　将来のお金の不安を解消するには、「税金」「保険」に強くなりなさい

不動産経営は税金との終わりなき戦い

不動産経営を続ける際に、絶対に避けて通れないのは税金です。不動産を取得する際、入居中、売却する際、相続する際、それぞれ税金が発生します。タックスマネジメントは不動産経営の利益を最大化するためには必須の取り組みです。

ある程度規模が大きくなってきたら税理士とよく相談して戦略的に取り組む必要があります。

物件購入時の税金

購入の際には、契約書に貼る印紙税、登記事務を代行してくれる司法書士に払う登録免許税、物件を紹介してくれた業者に払う手数料（物件価格の3％＋6万円）＋消費税（8％）などがかかり

ます。

物件経営中の税金

稼動中には管理手数料（家賃の3〜5％程度）、清掃料（月ぎめ、都度）、修繕費、退去に伴う募集費（家賃の1か月〜2か月分）などが発生します。

物件売却に伴い、所得税が発生します。個人の場合、売却益に対し、5年以上の保有で20％、5年未満の保有で39％も税金を取られます。この辺りもよく考えて売却の時期を決めなければなりません。不動産は売却して初めて物件トータルの利益が確定しますから、買う前から売却の時期をイメージして戦略を立てておく必要があります。

さらに将来物件を家族に相続させる場合、相続税がかかります。このように各段階で適切なタックスマネジメントを行う必要があるのです。

火災保険の加入は必須

また、保有中に建物や付属設備に発生するさまざまな破損や補修、火災や地震のリスクに対応するために、火災保険に入ることは必須です。物件の構造や規模、保険期間で費用が大きく変わりますので、事前にしっかりと保険会社から見積もりを取ってシミュレーションしておきましょう。

数年前までは、一括払いで最長30年間の火災保険に入ることができましたが、現在は最長で10年間までしか加入できません。

また、地震保険は火災保険の半額までが補償されますが、こちらも日本のような地震多発国では、必須と考えておきましょう。

火災保険は、火災以外にもいろいろ使える

この火災保険ですが、基本的には火災による建物や家財の焼失を保障するものですが、特約によりさまざまな修繕にも活用できます。

私も以前アパートの駐車場のフェンスや舗装の一部が破損した際、（おそらく大型車が敷地内で方向転換した際にできたものと推測される）ダメもとで、保険会社に連絡してみたら、調査員が現場を確認して、修理費用をすべて火災保険でまかなうことができました。

雨漏りや水漏れ等のトラブルに対応できる保険もあるようなので、最初からあきらめずに、不具合や補修が発生した場合は、とにかく一度保険代理店に相談してみることをおすすめします。

また火災保険に「家財保険」を付帯した場合は、建物だけでなく家財にも補償を受けられます。

例えば「掃除中に、掃除機をドアにぶつけてドアを壊してしまった」とかノートパソコンの電源ケーブルに足を引っ掛けて､パソコンが落下し､フローリングに傷がついてしまった」あるいはテーブルの上のコップをひっくり返してしまい、カーペットにコーヒーをぶちまけてしまった」などの事故に対しても幅広く補償の対象になります。こちらも代理店に相談してみましょう。

まずは、自分で確定申告をしてみよう

本来日本は申告納税により、国民は自分の納めるべき税金の額を自分で計算して納税することが「国民の義務」である国家なのですが、多くの会社員や公務員の場合は、会社や役所がこれを代行して、あらかじめ給料から予想される税額を天引きにより徴収されています。

しかし不動産経営を始めると、給与以外の収入を得ることになるので、自分で確定申告をしなければなりません。最初の年は多少の手間と労力がかかりますが、まずは自分で税務署から申告用紙（白色申告）を取り寄せて作成してみましょう。申告時期は2月の中旬から3月の中旬なので、新年になったら準備を始める位でちょうど良いと思います。

また、徐々に所有物件が増えてきたら「事業的規模」となり、白色申告から「青色申告」へ切り替えます。この際の基準は、①貸間、アパート等については貸与することのできる独立した室数がおおむね10室以上、または②独立家屋の貸付については、おおむね5棟以上であること、との規定があります。

事業的規模となり青色申告を行うと、次のようなメリットがあります。

○青色申告特別控除65万円、○家族への給与を経費として計上できる、
○回収不能の賃料を経費として算入できる
○取り壊しなどによる損失を全額経費計上できる、などです。

事業的規模に達した場合は、労力を削減するためにも、税理士に依頼することをおすすめします。

第3章

教師のための
５つの不動産購入
テクニック
（不動産購入ノウハウ）

1　まずは、「情報の壁」を越えろ！

インターネットを使えばかなりの情報は手に入る！

不動産を手に入れるためには、その物件についてさまざまな情報を集めて、果たして買ってよいものなのか見送るべきなのか見極めなければなりません。不動産は俗に「千三つ」と言われていますが、１０００件の物件の中で、真に買うに値するものは3つと言う意味です。

物件情報は、紙媒体、不動産屋の店頭、ネット上など「氾濫」しています。情報がありすぎて選べないと感じる方も多いと思います。物件情報を見極める「ものさし」については後述いたしますが、まずは情報を集めるところから始めましょう。

同じ条件の物件は存在しない

インターネット上には、不動産関係の情報が非常にたくさん集まっています。物件はそれぞれ条件が違い、同じ物件は2つとありません。判断に必要な不動産情報には次のようなものがあります。

① 物件の周囲の環境（エリア情報）
② 土地に関する情報
③ 建物に関する情報

④　収益に関する情報
⑤　融資に関する情報

などです。まず、投資用不動産のポータルサイト（楽待、健美屋、など）に登録して、条件設定をします（例えば1都6県で表面利回り10％以上の木造アパート、など）。
条件にあった物件についてのメールが届きますので、その中で気になる物件については仲介業者に資料請求をします。そうすると業者から「マイソク」と呼ばれる物件概要や「レントロール」と呼ばれる、直近の家賃収入一覧表が届きます。

まず「マイソク」を入手しよう

マイソクには、物件の所在地、売り出し価格、表面利回り（満室時）交通（最寄り駅からの距離）土地の広さ、権利条件、地目、現況、建物の地区年数、構造、用途、公法上の制限、建蔽率、容積率、などの情報が載っています。
レントロールを見れば、空室の状況、各部屋の家賃設定などがわかります。

次に「レントロール」（月ごとの家賃明細）を入手しよう

レントロール（ＲＲ）は仲介業者に言えばすぐ手に入ります。どの部屋をいくらの家賃で貸しているのか、敷金礼金は取っているのか、管理費はいくらかかるのか、などその物件の「稼ぐ力」が

〔図表８　マイソク〕

一棟収益アパート
平成24年築！室内も外観も綺麗な２棟のアパートです。
駅近！
駅へ徒歩6分の好立地！
検査済証有
A棟：年間賃料(想定) 0,000,000円
B棟：年間賃料(想定) 0,000,000円
A棟・B棟
表面利回り　約0.00％
販売価格
A棟 0000 万円
B棟 0000 万円
ここに物件概要が入ります
詳細資料はHPからダウンロードできます！
買います!!
取引態様
手数料
売主
3%（税込）
物件担当：●●
代表TEL：
FAX:
【HP】http://www.

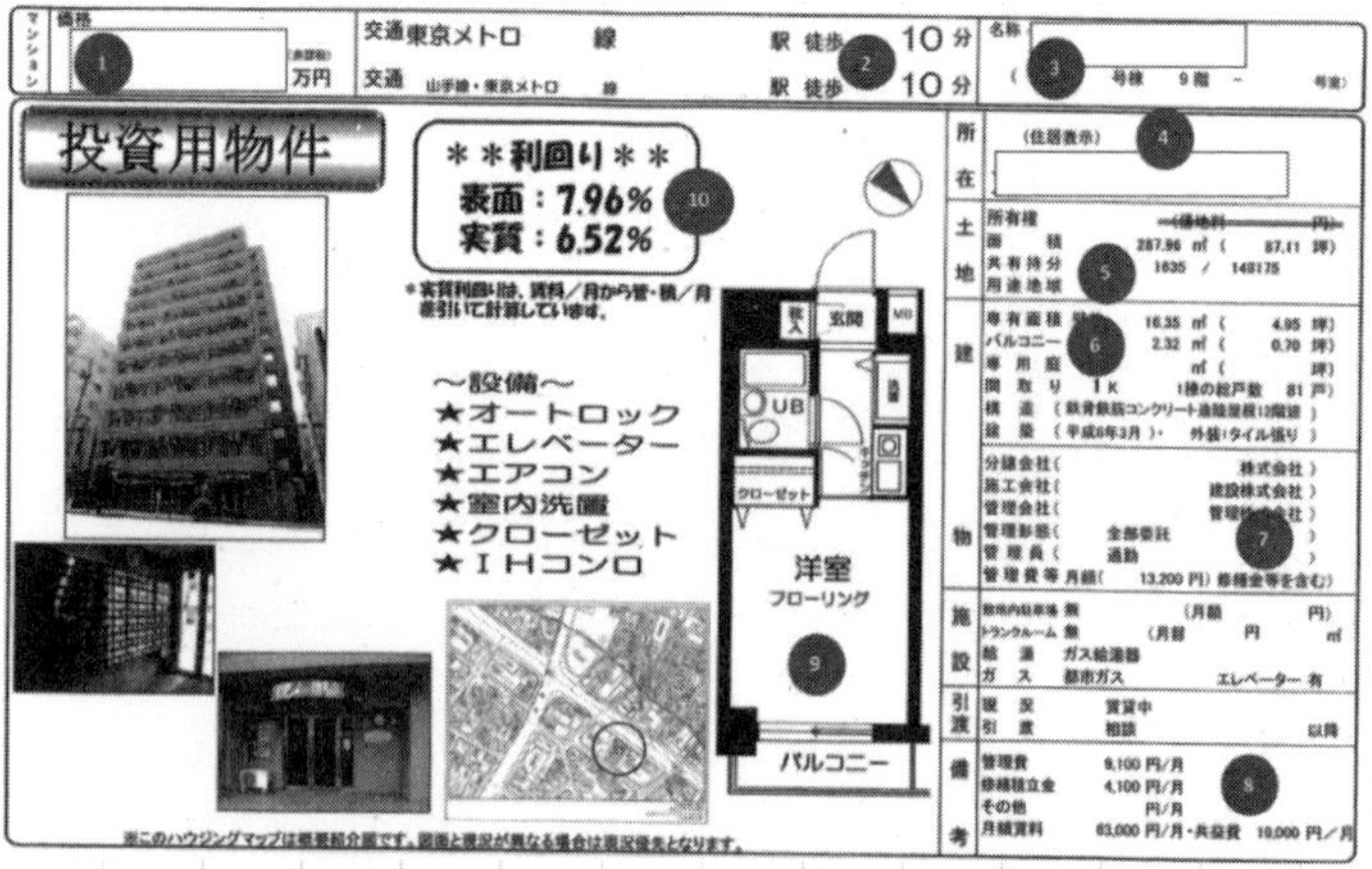
価格
万円
交通 東京メトロ　線　駅 徒歩 10分
交通 山手線・東京メトロ　線　駅 徒歩 10分
名称
号棟　9階
投資用物件
＊＊利回り＊＊
表面：7.96％
実質：6.52％
～設備～
★オートロック
★エレベーター
★エアコン
★室内洗濯
★クローゼット
★ＩＨコンロ
洋室
フローリング
バルコニー
UB
クローゼット
玄関
所在
土地
建物
施設
引渡
備考
管理費 9,100 円/月
修繕積立金 4,100 円/月
その他 円/月
月額賃料 83,000 円/月・共益費 10,000 円/月

〔図表9　レントロール（1棟8室の物件のもの）〕

〒　－
東京都　　市　町丁目　－

様

支払明細書

株式会社　　支店

〒　－
県　市　区　丁目

支払月	合計金額	その他支払額	控除額	送金額
2017/12	445,000		-28,836	416,164

年月	部屋No.	氏名	賃貸料	共益費	合計	備考
		※※　※※				
2017/12	101		52,000	3,000	55,000	
2017/12	102		52,000	3,000	55,000	
2017/12	103		52,000	3,000	55,000	
2017/12	105		51,000	3,000	54,000	
2017/12	201		53,000	3,000	56,000	
2017/12	202		51,000	3,000	54,000	
2017/12	203		56,000	3,000	59,000	
2017/12	205		54,000	3,000	57,000	
		※※合計※※	421,000	24,000	445,000	
		【控除額】				
		光インターネット料			(-640) -8,640	当月分
		清掃料			(-640) -8,640	2回/月（当月分）
		2017/12月分 管理手数料			(-800) -10,800	定額物件毎 10,000円
		※※控除額合計※※			(-2,080) -28,080	

＜通信欄＞
複数年に渡り所有された物件の売却、又は新規の物件購入をご検討されている
オーナー様は是非弊社までご連絡くださいませ。

＜振込先口座＞

金融機関	種別	口座番号	支払額	振込手数料	振込額
銀行　支店	普通		416,920	756	416,164

一目でわかります。

このレントロールを見る際に、家賃のばらつきには注意してください。例えば8部屋の物件で、6部屋が5万円~5万2千円で入居しているのに、他の2部屋が6万円だったとすれば、その2部屋は、長期間入居者が入れ替わっていない可能性が高いです。

もしその2部屋の住人が退去すれば、次の入居者からは、相場の5万円程度の家賃での入居になるので、その分家賃収入は下がります。利回りを考える際には、このように物件の家賃の下限に家賃を引きなおして計算しておく必要があります。

銀行の評価が出る（融資を受けやすい）物件に絞ろう

銀行は、その物件をさまざまな角度から分析して、融資が可能かどうか判断します。もちろん借

〔図表 10　路線価マップの検索結果〕

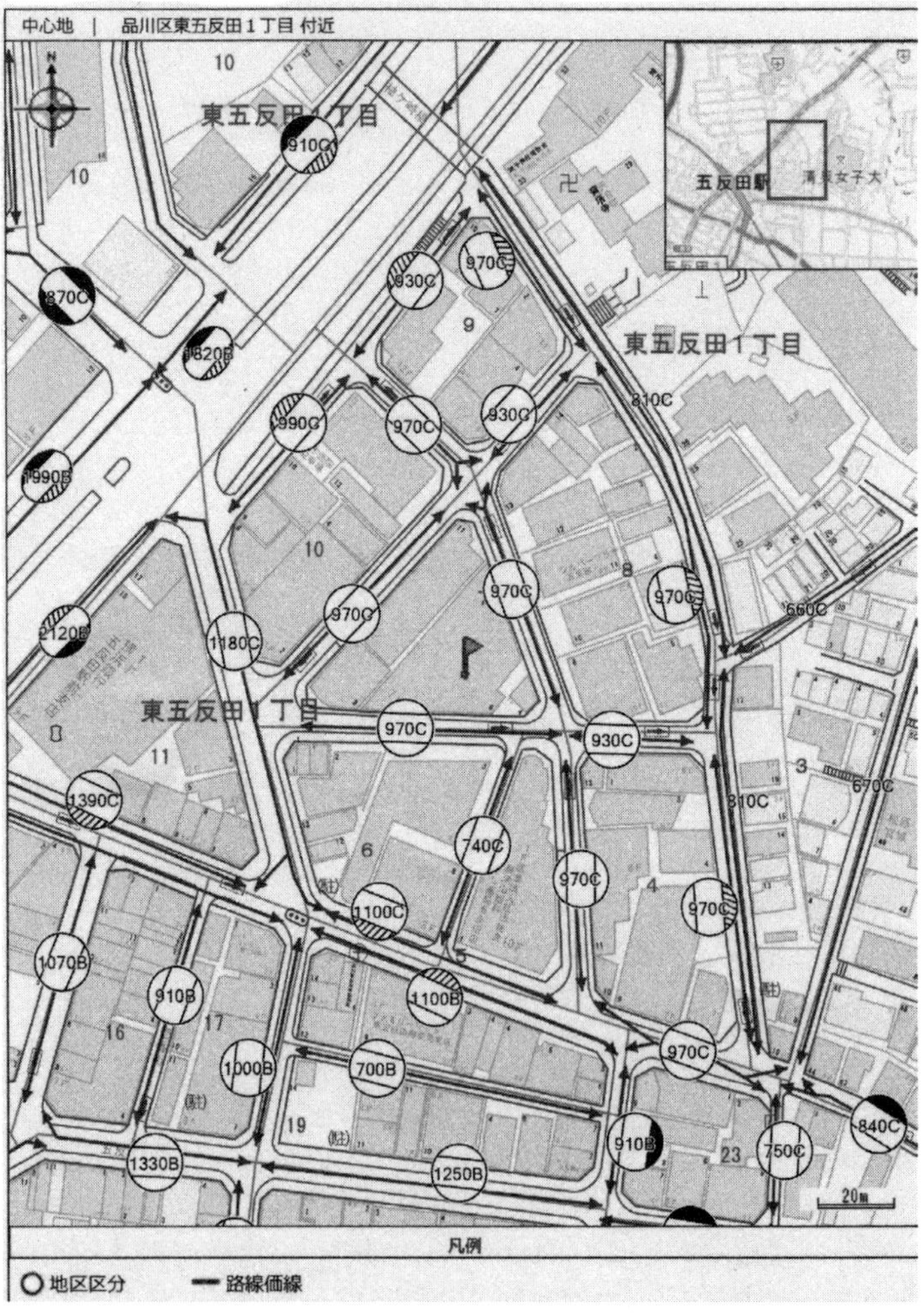

り手であるあなたの属性も吟味しています。銀行の物件に対する評価は、おおむね「積算評価」と「収益評価」の２つです。

積算評価とは

「積算評価」はその物件の土地の相続税路線価と建物の再調達価格の合計で決まります。

相続税路線価については「全国地価マップ」のサイトで、住所を入力すれば、その土地の１㎡あたりの単価（単位千円）を知ることができます。

これに㎡数をかけたものが金融機関が評価する「土地値」です。

全国地価マップ（https://www.chikamap.jp/chikamap/Portal）

土地値はそのときの地価によって多少の変動はありますが、大きく変化することはありません。

一方建物の値段は減価償却といって、毎年一定の割合で下がっていきます。

建物の耐用年数は、構造により決まっていて、

①　ＲＣ（鉄筋コンクリート）造で47年　㎡単価20万円
②　重量鉄骨造で34年　㎡単価18万円
③　軽量鉄骨造で27年　㎡単価15万円
④　木造で22年　㎡単価15万円

です。なので、例えば床面積５００平米のＲＣマンションで、築20年の建物の再建築価格は、５００㎡×20万円／㎡×（47－20）÷47となり、５．７４５万円となります。

積算価格＝土地値（相続税路線価）＋物件の再建築価格

この土地値と建物の再建築価格の合計が、物件の積算価格となります。銀行とすれば仮に返済が滞っても、残債がこの積算価格以下であれば、物件を売って融資を回収することができるので、融資の上限が積算価格という銀行もあります。

収益重視の金融機関もある

一方でその物件が「稼ぐ力」＝「収益」を重視する銀行もあります。レントロールを見て満室時の家賃の70パーセント（空室率30％）での毎月の収入を想定し、返済額が家賃収入の70％程度になるように貸し出しの上限を制限する、という考え方です。

銀行によって「積算」重視か「収益」重視か両方を勘案して評価するか、さまざまですが、私たちが物件を選ぶ際には、銀行の評価が出やすい物件を選ぶ必要があります。つまりある程度積算が高く、家賃収入も安定していることが重要なのです。

立地だけは変えられない

物件選定の際に、様々な情報を集めて比較検討をするのは絶対に必要ですが、その中には後から自分の力でコントロールできるものとできないものがあります。例えば空室が発生したとしても、その原因が分析できれば対策を打つことができます。内装が古くなっていれば、リフォームを施せばいいし、入居づけが難しければ管理会社と相談して広告を打つこともできます。入居を決めてくれた営業マンに直接報奨金を渡すことも有効です。思い切って管理会社を変更することもできます。

マーケティングは必須

しかし、物件の立地だけは後から変えることができません（当たり前です）。ですから、立地条件はより入念にマーケティングする必要があります。

最寄り駅の乗降客の増減、最寄り駅からの所要時間、駅までの道のり、近隣の商店やコンビニ、飲食店の所在地、また想定される入居者の勤務先や通学先（近くに工場や大学があるかどうか）近隣のライバル物件とその空室状況、など調査項目は多岐にわたります。

需要と供給の「ミスマッチ」にチャンスあり

しかしここは頑張りどころです。単身者向けの物件は多数供給されていても、ファミリー向けの物件が少ない地域とか、需要と供給のミスマッチは探せば見えてきます。ネットである程度情報を絞り込んだら必ず現地調査を行い、自分の目で見て足で歩いて確認しましょう。

同時に物件の近隣の仲介業者へのヒアリングも欠かせません。

「近隣の家賃相場」「入居率」「入居希望者の需要と属性」などについて尋ねてみるとその地域のニーズが見えてきます。

2　不動産情報を見る際の3つのポイント

表面利回りにだまされてはいけない

不動産を評価する際の指標はたくさんありますが、代表的なものが「表面利回り」です。これはその物件の、年間の満室家賃収入を購入価格で割って100倍（％）したものです。

例えば、8室アパートで家賃月額5万円、購入価格が4，800万円であれば、表面利回りは5万円×8室×12か月÷4，800万×100（％）＝10％　となります。

表面利回り　＝　毎月の手残り、ではない。

表面利回りは、物件を比較したり絞り込んだりする際によく使われますが、実際の手残りを現しているわけではないので注意が必要です。

実質利回りを見極める

実際には物件の購入や、毎月の経営にさまざまな経費がかかります。それらの経費を計算した上での利回りが「実質利回り」です。

先ほどの物権の例で考えると、もし購入時に経費が２００万円かかり、毎月の運営経費が一部屋５千円だと仮定すると、実質利回りは、（５万円－５千円）×８部屋×12か月÷（４，８００万＋２００万）×１００（％）＝８・６４％　となります。

経費は物件価格の６％～８％程度を見込んでおく

物件や管理会社によりますが、一般に購入時の経費としては、仲介手数料、司法書士手数料、印紙代、登記費用（登録免許税）がかかります。運営経費としては、空室損失費用、管理量、修繕積立金、固定資産税・都市計画税、水道光熱費などがかかります。

物件の状態や管理契約によって大きく変化しますので、実際によく利回りをシミュレーションしておくことが大切です。仲介業者は表面利回りを強調して営業をかけてきますので注意しましょう。一般に経費率は物件価格の６％～８％程度を考えておく必要があります。

イールドギャップとは

次に、金融機関から借り入れをして物件を購入する場合は（自己資金だけで購入する方は関係ありませんが）当然ですが、毎月の家賃収入　＞　毎月の返済額　でないと経営が破綻します。そこで指標として使えるのがイールドギャップです。

イールドギャップは「実質利回り」から「ローン金利」を引いた数字です。もし先ほどの例で、金融機関から2・5％で借り入れをしていたとすると、イールドギャップは8・64％ − 2・5％ ＝ 6・14％となります。イールドギャップは、借入金額や借入期間を考慮していませんので絶対的な指標ではありませんが、大雑把にその物件の「稼ぐ力」を把握する際に役に立ちます。

本当に見るべきはCF（キャッシュフロー）

しかし実際に不動産経営をして、真水でいくら手残りがあるのかを把握するのは、利回りやイールドギャップだけはできません。

そこで登場する指標がCF（キャッシュフロー）です。簡単に言えば、実際に得られた収入に対して、外部への現金支出を差し引いて手元に実際に残る資金を指します。

すなわち、CF ＝ 家賃（空室率考慮）− 経費 − 返済　となります。

先ほどの物件で考えて見ましょう。条件として、管理費10％、空室率12％（8室中1室）借り入れ4，800万、期間25年、金利2・5％として計算してみましょう。

CF ＝ 5万円×0・9×（8 − 1）部屋　−　21・5万円／月の返済額）＝ 10万円　です。

いかがでしょうか、これが実際の毎月の「手残り」となります。さらにここから固定資産税・都市計画税が引かれるので、税引後のCFはさらに少なくなります。

ですから、物件購入に際しては詳細なシミュレーションを行い、どこまでの空室に耐えられるのか、しっかり把握しておく必要があるのです。

この例ですと2室部屋までならぎりぎり耐えられますが、空室3以上では、手出しになります。

3　不動産の良いパートナーを探そう!

自分のために働いてくれるパートナーがいれば、不動産投資は楽になる

不動産経営を始めるためには、次のような手続を順番にふむ必要があります。

①　物件の情報収集
②　物件の資料請求
③　現地の視察（マーケティング）
④　買付け
⑤　売買契約（販売業者との契約）
⑥　金銭消費貸借契約（金融機関とのローン契約）
⑦　決済
⑧　不動産経営スタート

⑨　日々の管理業務

これらすべてを個人でやろうとすると、膨大な時間と労力がかかります。

まず、日々の情報収集は、楽待や健美屋などのサイトで、希望の条件を設定しておいて、物件情報のメールを受けることから始まります。

しかし多忙な教師の皆さんは、おそらくメールを受け取り、スクリーニングをして、業者に資料請求をする、ところまでは日々の生活の中でできたとしても（それすらできないことも多いと思いますが）実際に現地の視察をする余裕はないと思います。

現地調査をしないで購入するのは危険

しかし、現地視察をしないで物件に買い付けを入れるのは危険です。

今はGoogleで大体の周辺の状況は確認できますが、やはり現地で直接建物を見たり、近所の不動産屋にヒアリングしたり、周辺の環境を自分の目で確認しないうちは、怖くて買い付けを出せるものではありません。

となると、多忙な教師は永久に物件を購入できないことになります。そうするとどうしても買いたいのに買えないという「あせり」の気持ちがわいてきます。結果として、私もそうでしたが、業者からの売り込みの電話（テレアポ）やメールマガジンでの情報を鵜呑みにして、しっかり調査をすることなく物件を買ってしまいがちなのです。

タダで得られる情報は、「それなり」の情報

このように向こうからタダでやってくる情報に、しっかり管理ができて利益の出る物件情報は皆無です。そのほとんどが新築ワンルームか新築木造1棟アパートで、業者の利益がたっぷり乗った「高い」物件です。これらは買った瞬間業者の利益が確定し、投資家の損失も確定するという、おそろしいカモ物件が多いのです。

業者との面談を予約し、自分の熱意をぶつけてみよう

この状態を回避するためには、自分と一緒になって自分のための物件情報を紹介してくれる仲介業者を見つけて、その業者と良好な関係を築くことが必要になります。

仲介業者も玉石混合で、個人経営から大手のハウスメーカー系列までさまざまです。

まずは、休日に業者に出向いて、担当者都と直接会って話をしましょう

仲介業者と良い関係を築くためには、まず時間をつくって、業者に面接のアポを取り、直接担当者と話をします。

その際には自分の属性、今の金融資産や負債、これから買いたい物件の条件（鉄骨マンション４階建て以内、平成築で駅徒歩10分以内など）を伝えます。同時になぜ自分が不動産投資をやりたいと思っているのか、その熱意も伝えます。

自分の熱意をしっかりと伝えよう

その結果、「そういうことでしたらお手伝いさせていただきます」といった協力的な態度で接してくれる業者であることが必須条件です。その際に今自分たちが「売りたい」と思う物件を無理やり当てはめようとする業者は候補から外しましょう。

この段階でおそらく半数以上の業者は、土俵から外れます。くれぐれもあせらないでください。ちょっとでも違和感を感じたら、この面談の段階でその業者とは接触を断てばよいのです。仲介業者はいくらでも存在します。しっかりと見極めていきましょう。

新しい提案をしてくれる業者は、大切にしよう

中には、こちらの置かれた状況をよく理解して、「それでは融資のつきやすい、築浅の木造アパートから始めてみませんか」などいくつか新しい提案をしてくれる業者もいます。即決はせずにいったん資料を持ち帰り、本当に投資に値する物件かどうかじっくりと検討しましょう。

収益不動産業者も良い顧客（買える顧客、属性の良い顧客）は大事にしたいと思っているし、できればリピーターになって2棟目、3棟目と買ってもらえれば自分たちの利益にもつながるので、顧客の開拓には積極的です。ですから交渉を通して、こちらの目標や希望をしっかり伝えることで信頼関係を築くことができれば、良い情報も回してもらえるようになります。

もし、これならいける！という物件の紹介を受けられたら、早速業者に連絡して「買い付け」

を入れましょう。きっとあなたの不動産投資はよいスタートが切れると思います。

金融機関とのつながりがある業者を選ぼう

不動産経営をスタートさせるには、金融機関からの融資が欠かせません。

金融期間の種類と特徴については後述いたしますが、いくら良い物件が見つかったとしても、いきなり飛び込みで金融機関の窓口に出向いて「不動産を買いたいので融資してください」と言っても、おそらく相手にされないと思います。

金融機関に飛び込みで行ってもお金は借りられない

融資となると、金融機関側も、あなたの属性や、物件の積算や収益などさまざまな条件を調べなければなりません。多くの手間と労力をかけて融資可能か精査する必要があるのです。そのため不動産融資を申し込む場合は、仲介業者の紹介で金融機関に行くことが重要です。

仲介業者は、それぞれ付き合いのある金融機関を紹介してくれる

仲介業者にはそれぞれ取引のある金融機関がついています。これも業者によってさまざまです。地方銀行が得意な業者もあれば、地元の信用金庫、信用組合とつながりがある業者もあります。

そのため仲介業者から事前にあなたの属性や物件の概略を担当者に伝えてもらうことで、おおよその融資の目安をつけてもらうことができます。

もし融資の土俵に乗るなら「詳しくお話を聞かせてください」となりますし、その金融機関の融資条件（金融機関によってさまざま）に合わなければ、「今回はご融資できません」となります。お互いに無駄な時間と労力が省けるわけです。

飛び込みで銀行を訪ねてみたが

私も以前アパートローンの借り換え交渉のため、飛び込みで銀行の担当者に電話でアポ取って訪問したことがあります。属性資料や物件資料などすべてそろえて訪問したのですが、結果は「ご融資できません」でした。

理由は私の持っている物件が、その銀行の融資エリア（金融機関ごとに決まっている）外にあるから、というものでした。

また、口には出しませんでしたが、物件の収益性を評価するにあたり、その銀行独自の基準があると感じました。

銀行には独自基準のストレスチェックがある

例えば「空室率20％で、金利を現在の金利＋３％に設定して、再度収益がプラスになるかシミュレーションして、それでもＣＦが出れば融資をする。それでＣＦがマイナスになれば融資はしない」

など、銀行はそれぞれ今より悪い条件を設定して（ストレスをかけて）それでもＣＦが出るかどうかで融資の判断をしているのです。

利回りの低い物件を売る業者が使う手口

業者の中には、高値で買わせてあとは知らん顔、という業者も実際に存在します。私もかつてテレアポに誘われて、都内のワンルームマンションを購入してしまった経験があります。彼らの営業トークは、

・赤字でも所得税が還付されます。
・団信をつけていますので、万が一のときは家族に資産が残せます。生命保険代わりにもなります。
・繰り上げ返済をして早期に完済すれば、キャッシュが残ります。
・人口減少が進んでいるので、都内のワンルームでないと入居が難しいです。

などです。

これらは決してウソではないのですが、よく考えてみてください。あなたは何のために不動産経営を始めようとしているのですか？　所得税を取り戻したいのですか？　生命保険に入りたいのですか？　そうではないはずです。きちんと副収入（ＣＦ）を得て、将来に備えたいために始めるのですよね。だったらきちんとＣＦが出て将来売却したとしても、しっかりと利益が出る物件を買うことが肝心です。

テレアポで営業をかけてくる物件はそもそも怪しい。

だいたいテレアポはそもそも怪しいです。もし本当に利益が出る物件なら人に売らずに自分たちで運用すればいいわけで、それを売りつけようとするからには、「売った瞬間に彼らの利益になる」から必死になって売ろうとしているのです。

4　不動産購入の一番のカギは○○

専門家の力は大いに活用しよう

不動産経営を軌道に乗せるまでには、さまざまな手続が必要なことは前述しましたが、それらをすべて自分1人の力でやろうとするのは、特に多忙な教師の皆さんには現実的ではありません。

むしろそれぞれの仕事を専門家に依頼して、時間と労力を節約することで、ストレスを減らしながら不動産経営を進めることができます。

仲介業者に任せられる部分は任せる

情報収集、資料請求、現地調査は自分でやらなければなりませんが、いざ希望の物件が決まった後は、金融機関との交渉は、仲介業者に任せることができます。

銀行融資の承認が下りれば、金消契約や決済も業者と金融機関で書類を整えてくれます。物件の登記や抵当権の設定も、業者が紹介してくれる司法書士に任せることができます。

物件管理、納税も専門家に任せればＯＫ

そして物件を手に入れた後の管理は、管理会社に任せることができます。税金の計算は税理士に依頼すればＯＫです。火災保険や地震保険も仲介業者が斡旋してくれます。このように、基本的に物件さえきちんと見極めて、仲介業者に買い付けを出せば、後はそれぞれの分野の専門家が動いてくれます。

専門家に任せて、安心して公務に専念しましょう

不動産経営の最大のメリットは、ほとんどの業務を外部に委託できるということです。ですから公務員である教師も、安心して職務に専念できるのです。これが私が教師の皆さんに不動産経営を進める最大の理由です。

物件の購入・管理

購入に値する物件が見つかったら、すぐに仲介業者に買い付けを入れましょう。書式はネット上にもサンプルがあります。なお買い付けには法的拘束力はありませんが、業者としても融資がつきそうな顧客を優先します。

〔図表 11　買付証明書の例〕

平成　　年　月　日

＿＿＿＿＿＿＿＿＿＿＿＿＿＿様

不動産買付証明書

私は、紹介を受けております下記表示の不動産（以下、「本物件」という。）を下記条件にて購入することを申し込みますので、その旨、貴殿に報告します。

住　所＿＿＿＿＿＿＿＿＿＿＿＿＿＿

氏　名＿＿＿＿＿＿＿＿＿＿＿＿＿＿

【希 望 条 件】

買付希望価格	金＿＿＿＿＿＿＿	円	
手　付　金	金＿＿＿＿＿＿＿	円	（平成　年　月　日）
中　間　金	金＿＿＿＿＿＿＿	円	（平成　年　月　日）
残　代　金	金＿＿＿＿＿＿＿	円	（平成　年　月　日）

契約予定日　　平成　年　月　日

契約予定場所＿＿＿＿＿＿＿＿＿＿＿＿＿＿

【不 動 産 の 表 示】

《土　地》
- 所　在＿＿＿＿＿＿＿＿＿＿
- 地　積＿＿＿＿＿＿＿＿＿＿
- 地　目＿＿＿＿＿＿＿＿＿＿

《建　物》
- 所　在＿＿＿＿＿＿＿＿＿＿
- 家屋番号＿＿＿＿＿＿＿＿＿
- 地　目＿＿＿＿＿＿＿＿＿＿
- 延床面積＿＿＿＿＿＿＿＿＿

尚、本書の有効期限は、本書発行日より一ヶ月間とします。

買い付けの順位が1位でも、現金で購入する客が現れれば、そちらに優先順位が移ることもあります。ですから、「買えたらラッキー」くらいのスタンスで臨んでください。

すばやく決断して買い付けを入れるためには、今の自分には、どのような構造でいくらまで融資が引けるのか、金融機関の担当者と打合せをしておくことが大切です。金融機関にも融資方針がありますので、担当者と定期的に打合せをしておきましょう。

融資づけ

買い付けが通りそうだったら、すぐに金融機関の担当者に連絡します。担当者も現地を確認してから稟議書を作成しますので、早く決済を通すには、とにかく素早く行動することが必要です。

仲介業者とつながりが深い金融機関の場合は、このあたりの連絡調整を仲介業者が行ってくれますので、仲介業者に任せることができます。早い金融機関だと2～3日で融資可能かどうかの回答が来ます。

金消契約、抵当権の設定

無事、決済の日を迎えたら、金融機関に出向いて書類を作成します。ほとんどの場合は司法書士が同席し、その場で抵当権の設定も同時に行ってしまいます。ただ、物件が遠隔地の場合は郵送で書類のやり取りをする場合もあります。

決裁は平日の午前中に行うのが普通です。

なかなか同席できないことと思いますが、書類さえきちんとそろっていれば、司法書士に手続を代行してもらうことは可能です。

リフォーム、客づけ

無事に決済が終われば、いよいよ不動産経営がスタートします。

最初に入居状況を確認しましょう。

購入時に確認した最新のレントロールどおりの入居になっているか確認します。

もし空室がある場合は、できるだけ短期に空室を埋める必要があります。室内を確認して、どの程度のリフォームが必要なのか確認しましょう。

リフォームは現状復帰が原則です。できるだけ費用を抑えて快適な空間を演出する必要があります。

金額をかければ設備や備品は豪華になり、他の物件との差別化やアピールもできますが、当然ですがコストをかけすぎれば利益が圧迫されます。

費用対効果をよく見極めてリフォームをかけます。

仲介業者がリフォームも斡旋してくれる場合もありますが、自分で探す場合は複数から見積もりを取って検討します。

5　これが本当の「しくじり先生」！　私の失敗経験を伝えよう

私が不動産経営を始めたわけ

ある日高校の同級生が10年ぶりに訪ねてきた・・・

私が初めてアパマン経営と出会ったのは、今から25年前まだ30代前半の頃でした。その頃はアパマン経営には全く興味もなく、平凡な教師としてそこそこ仕事が楽しくなり始めた頃でした。きっかけは、高校時代のラグビー部の同期生から10年ぶりにかかってきた一本の電話でした。てっきり同窓会のお誘いかと思ったのですが、会ってみると、彼が取り出したのが熊本の新築投資用マンションのパンフレットでした。

まだ九州新幹線もなかった時代に「このマンションは絶対に将来値上がりする！」「お前は特別な仲間だからお宝情報を持ってきてやったんだ」などの営業トークが炸裂しました。

最初は、「怪しいけど根は悪い奴じゃないし、話くらいは聞いてやろうか」と思っていたのですが、「人助けだと思って買ってくれ」と言われ、そんな彼を見捨てることができずに契約書にサインしてしまったのでした。

今思えば、彼もマンションディベロッパーに転職したばかりで実績もなく、縁故を頼って営業していたんだと思います。すべては私の勉強不足なので、今さら彼を責めるつもりもありません。

〔図表12　25年以上、私を苦しめている、熊本市内のワンルームマンショ

25年間私を苦しめ続けることになろうとは・・・

25年後の結果は・・・当時1420万円で購入した25㎡のワンルームの区分所有が、熊本地震の影響もあり最近の査定では160万円程度と惨憺たるものです。不幸中の幸いで同じ貸借人の方が20年以上住み続けてくれているので、家賃は下落していないのですが、この人がもし退去してしまったら、今の家賃を大幅に下げないと次の入居は見込めないでしょう。最初の投資で大失敗をしてしまったのです。このマンションは自分自身への戒めのため、現在も所有し続けています。

テレアポに乗せられ、東京23区内の区分所有を購入した

次に投資用不動産に出会ったのが、今から10年前、区部の学校に転勤になった年でした。やはり営業の電話があり、「今度区内にリノベーションを施したワンルームマンションを売り出しました。最寄り駅徒歩5分の抜群の立地です。早い者勝ちになると思うので、区部在勤の公務員の皆様に将来の年金対策としておすすめしています。ぜひご検討ください！」とまたしても営業トーク炸裂です。

都心の活気につられて、勢いで買ってしまったワンルームマンション

たまたま自分が区部に転勤して、都心の活気を感じてしまった時期で、深く考えもせず「区内なら若者がどんどん増えてきているし、しかも駅近なら値下がりすることもないだろう。うまくすれ

〔図表 13　テレアポに乗せられて買ってしまった、23 区内のワンルームマンション〕

ば値上がりだって期待できそうだ」と根拠のない判断を下し、契約書にサインしてしまったのです。

しかも2週間後同じ営業マンから「けやき様ならもう一部屋特別にご購入いただけます。こんなケースはめったにないです」と言われその気になって2部屋購入してしまったのです。

何のための不動産投資だったのか

結果は・・・最初の入居者が入っていた間は、確かに家賃収入のほうがローン返済を上回っていて月々の収支は＋2〜3万というところでした。しかし不動産取得税や固定資産税を支払ってしまえば、トータルではマイナスとなり、「でも都心に好立地のマンションが持てたんだから、ま、しょうがないか」などと自分に言い聞かせていました。

しかし最初の入居者が退去した後、次の入居者がなかなか決まりません。1か月たち2か月たち、3か月目についに我慢しきれなくなり、サブリース契約を結んだのです。

時限爆弾のスイッチを押してしまった！

今思えばこの瞬間に時限爆弾のスイッチを自分で押してしまったようなものです。家賃は10％下がりましたが、一時空室のストレスからは解放されました。しかし「そのとき」はやってきました。

サブリース契約から5年たち突然、管理会社から家賃の減額を告げられたのです。契約当初は気にも留めなかったのですが、サブリース契約書を読むと、「契約の更新に際しては、双方協議の上新しい家賃を設定するが、合意を得ないときには賃借人（管理会社）の提示した新条件で5年間継続する」の一文が入っていました。

つまり最初から、業者は絶対損をしない契約になっているのです。業者にしてみれば家賃が下がればその分オーナーに支払う家賃を下げればよいだけで、自分たちの利益は確保しているのです。

サブリースの罠にはまった！

結局、この段階でサブリースの家賃が10％下がり、完全に手出しとなったのです。「このままではローン返済までの間に破たんする！」遅ればせながら自分の置かれた状況に気づいた私は、損切りを決断し、とある不動産仲介業者に所有する2部屋を売りに出しました。

買い手は中国人

この頃は、東京オリンピックの開催も決まり、外国の投資家が日本の投資用マンションを積極的に買い始めた時期で、ほどなく私の所有するマンションも香港在住の投資家が私の買値より200万円程度安くではありましたが買ってくれました。「もう損切する」と腹を決めていたので迷わず売りました。

しかしここでまたあのサブリース契約の中に「中途解約の場合には賃料の3か月分を支払うものとする」の一文が入っていたのです。

買ってみてわかった、新築ワンルームマンションという恐ろしい商品

結局、投資用マンションのディベロッパーは、安く仕入れた物件を投資家に高く買わせ、空室が出たタイミングでまともな客づけもせず、自分たちに圧倒的に有利なサブリース契約を結ばせて、投資家の首をじわじわと絞めつける存在であることを思い知ったのでした。

業者は売った段階で利益確定

新築ワンルームマンションは、買った瞬間に業者の利益は確定します（この段階ですでにたっぷりと利益が乗っています）。さらに言えば、彼らは土地の仕込みの段階から最終的にエンドユーザーに利回り５％程度で売ることを前提で土地を仕込み、できるだけ安く建物を建て、たっぷり利益を乗せて販売します。

１，５００万円程度の物件で、おそらく５００万円以上の利益が乗っているはずです。

売れてしまえば「後は野となれ山となれ」

売れた時点で、彼らは利益を確定しているので、その後の運営は彼らにとってははっきり言って「どうでもいい」のです。空室が出ても、積極的に客づけはしません。

むしろ空室が続くことで、投資家が悲鳴を上げてサブリース契約を結ぶのを待ち構えているのです。

サブリースに持ち込んで、さらに投資家の首を締め付ける

彼らにしてみれば、サブリース契約に持ち込むことができれば、定期的に保証家賃を下げていけばよいのです」彼らはどう転んでも利益を得続け、すべての損失は投資家が被る仕組みなのです。この仕組みはほぼ確立されているといってよいでしょう。

このようなマンションディベロッパーはたくさん存在します。不動産経営を真剣に考えるならば、このような物件には絶対に手を出さないでください。

この区内のマンションは2室を5年間所有してトータル350万円程度の赤字になりました。高い授業料でしたが、サブリース契約の恐ろしさを、身をもって体験することができました。

6　ワンルームとの決別、新築1棟アパートへの挑戦

1棟アパート所有へ

その後は、この失敗を繰り返さないためにもワンルームでなく、1棟もののアパートを所有しようと考え、2012年、当時売り出し中のアパートディベロッパーから資料を取り寄せ、早速アパート建築予定地を見学に行きました。名古屋から名鉄線で10分ほどの立地で、最寄り駅徒歩12分、国道から一本入った住宅街の中の土地です。

覚えたばかりのマーケティング方法で立地を調べましたが、周辺にライバル物件が建っておら

〔図表14　初めて利益を出すことができた、
名古屋市熱田区の１棟アパート（１ＬＤＫ８部屋）〕

ず、生活インフラも徒歩圏にそろっていて、この場所なら十分「勝てる」と確信しました。土地も３００㎡で２．８００万円と比較的安く手に入ったこともラッキーでした。

建物はロフト付１ＬＤＫ　８部屋

建物はワンルーム25㎡8部屋の物件でしたが、全室ロフト付で設備も最新のものが導入されており、こちらも一目で気に入りました。ターゲットは独身のサラリーマンと学生です。

しかし、ここは今までの失敗を繰り返すわけにはいきません。家賃の下落や、空室率、等を考慮してさまざまなシミュレーションを行い、これならキャッシュフローが出る！　と確信して契約しました。売値は6，８００万円。１ＬＤＫ8室（ロフト付）の物件です。

融資についてはＯ銀行から5年間固定金利の

2・3％でフルローンの融資を引くことができました。

5年後に売却して、初めて利益を確定できた

結果、そのアパートは5年間所有してほぼ満室をキープすることができました。私が所有した物件の中でも最も「優等生」だったといえるでしょう。

この物件は、その後2017年に売却しましたが、当初利回り8・8％、売値6，800万円だった物件を、5年後に6，040万円で売却できて、5年間で残債も1，000万円以上減っていたので、売却益（キャピタルゲイン）と5年間の家賃収入（インカムゲイン）のトータルで1，000万程度の利益を手にすることができました。

私はこの物件を所有して、不動産経営で始めて利益を得ることができました。「立地の選定、物件の選定さえ間違えなければ、利益を出すことができる」ことを初めて実感できた物件です。

2棟目に挑戦！

1棟目を経験して、立地さえ間違えなければ、満室経営できることに少し自信を深めた私は、翌2013年に、やはり名古屋で2棟目の新築アパートを購入しました。

今度の物件もやはり名古屋から名鉄線で20分程度のエリアで、駅徒歩12分、立地の決め手は、何と言ってもすぐそばに大規模なショッピングセンターがあったことです。日常の買い物はほとんど

このショッピングセンターで済んでしまいます。「これは絶対に人気スポットだ」と確信しました。

間取りは若者に人気のアンダーロフトタイプ

今度の建物は、若者に人気のアンダーロフトタイプで水周りが2階で、1階はリビングという構造の１ＬＤＫ×８部屋です。

しかしこの時期物件価格が上昇をはじめていて、購入価格は7．１００万円になってしまいました。今回はスピード勝負だったので、融資は有名な４・５％銀行（ＳＲ銀行）にお願いすることにしました。

金利４・５％でシミュレーションすると、確かにＣＦはほとんど出なくて、返済率は80％を超えてしまうのですが、このときはとにかく良い立地を早く確保したいという思いのほうが強かったです。金利交渉は後からでもできると信じて、融資を申し込みました。さすがに４・５％銀行は審査が早く、一週間後には融資の承認が下りました。

返済率80％超えの危険な経営

この物件も購入後はほぼ満室をキープすることができました。家賃が５２，０００円～５４，０００円／部屋で月に42～43万円でしたが、返済も37万円／月という大変危なっかしい経営状況でした。

〔図表15　名古屋で２棟目となる、緑区のアンダーロフトタイプの物件（１ＬＤＫ８部屋）〕

満室でやっと利益が出ていてもし一部屋でも空室が出たら手出しになるという状況です。今だったらこんな借り方は絶対にしないのですが、そのときは立地にほれ込んで、後先考えずに融資を申し込んでしまいました。

これからアパマン経営を始める皆さんは、間違ってもこのように返済比率が高い融資を引いてはいけません。

火災保険はいろいろ使える

この2棟目の物件では、いろいろと学ぶ点がありました。その1つが火災保険の活用法です。実はこの物件取得後約1年後に小さな事故がありました。それは駐車場スペースに立っていた街灯と駐車スペースのタイルが破損する、というものでした。

原因は不明でしたが、おそらく大型車が方向転換か何かで敷地に入り込み、街灯とタイルを破損させたのではないかと推測されました。

事件直後に、管理会社から報告を受けたときは、「あーこれでまた修繕費がかかる」とがっかりしたのですが、管理会社から「もしかしたら火災保険でカバーできるかもしれないので、交渉してみましょう」と言う提案を受け、「ぜひお願いします」と言う流れになりました。

保険会社の調査が入り、時間がかかりましたが、結果的にはおおよそ3か月後に無事保険ですべて修理することができました。

それまで火災保険の約款などきちんと読んだことはなかったのですが、よく読むと「建物および付属設備」という項目があり、この「付属設備の破損」に該当したようです。このことから、火災保険はできるだけ活用することが経費節減に大きく貢献することを学びました。また火災保険に加入する際も、できるだけ広範囲がカバーされる保険を選ぶようになりました。

勢い（調子？）に乗って3棟目に挑戦

こうなると、私の心理もかなり「イケイケ」です。同じアパート販売会社に「もう1棟買うつもりだから、良い立地の物件が出たらすぐ情報ちょうだい」とリクエストを出しておきました。そうしたら3か月後に「名古屋駅徒歩15分の土地が見つかりましたので、ぜひ現地を見てください」との連絡がありました。1棟目、2棟目で名古屋のことはかなり詳しくなっていたので、「わかりました。次の週末に見に行きます」と即答しました。

実際に現地を見に行くと、立地は地下鉄の駅から徒歩7分で、名古屋駅には自転車で5分ほどの場所です。

超便利な場所で「これは勝てる」と直感しました。その日のうちに買い付けを入れ、立て続けに3棟目に取り掛かることにしました。

購入価格は7，700万円です。融資はやはり4・5%銀行にお願いしました。今回も家賃54，000円～56，000円／部屋で月に44～46万円の収入でしたが、返済も40万円／月というこれまた大変危なっかしい収支計画でした。

しかし、何と言っても圧倒的に立地がよく、この物件も最初の2年間はほぼ満室状態をキープすることができました。

しかし2年後にピンチが訪れます。

私が3棟目を建てたエリアは、その後新築アパートの建設ラッシュが続き、3年目には、ほぼ同じスペックの部屋が52，000円で貸し出されるようになってしまいました。こうなると消耗戦です。

入居者はネット検索を使って家賃帯で物件を絞ってきますから、2年後からは退去が出るたびにその部屋の家賃を52，000円に下げざるを得なくなったのです。これだけ新築が周囲に増えることは、当初の想定外でした。しかし、やはりここは金利交渉までの我慢、と考えひたすら家賃をためることを考えていました。

〔図表16　名古屋駅自転車7分の名古屋の3棟目の物件
（1LDK8部屋）〕

金利交渉にチャレンジ

この2棟目、3棟目に関しては、4・5％銀行を使って購入すると決めた当初から「絶対に金利交渉をして金利を下げてやる」と思っていました。

金利交渉を成功させるには、金融機関に「この人は銀行に利益をもたらしてくれるので、大切にしよう」と思わせなければなりません。

そこで私が取った作戦は、

①家賃には一切手をつけない。

②家賃以外にその銀行で積立預金をする。

の2つです。

①の家賃に手をつけない、は比較的簡単にできました。もともと毎月数万円程度しかCFは出ていないし、それも固定資産税・都市計画税を払えばほとんど消えてしまいます。正直手をつける余裕がなかったのです。

②は強制的に積み立てができるように、給料の

振込口座をこの銀行の支店に設定して、毎月強制的に積み立てができるようにしたのです。こうしておけば、入金を忘れることもないし、銀行もきっと毎月きちんと積み立てている実績を評価してくれるにちがいないと考えたのです。

やせ我慢して、2年後に交渉した

この「涙ぐましい」努力を2年間続けたところで、満を持して銀行の融資担当者に電話しました。
「実は、他行から2棟まとめて融資の肩代わりのオファーが来ているんですが、私としては、真っ先に融資をつけてくれた御行と今後もお付き合いしたいと思っています」「ついては先方は2％台の金利を提示してくださっているのですが、御行での金利交渉は可能でしょうか?」

実はこれ完全にハッタリでした。でもここで2年間の積み立ての実績が物を言ったようです。3日後に「それでは2・9％でいかがでしょうか、これ以上はご勘弁ください」との返事をいただくことができました。

内心「オッシャー」と小躍りしたいところでしたが、「ありがとうございます。それではこれからもよろしくお願いいたします」と返事をしたのです。

交換条件は、受け入れた

しかし、交換条件としてさらに400万円の定期預金を積むことと、プラチナカード（年会費

6万円・・！）への加入を求められました。さらに2棟分あわせてＣＦが毎月20万円程度出るようになったのですが、その20万円は新しく積立預金に回すよう指示されました（銀行も金利を下げたらＣＦがいくら出るのか良く知っている）。

この場面では、とりあえず条件はすべて受け入れて、低金利を勝ち取るほうが優先なので、４００万円はきつかったですが、あちこちかき集めて何とか条件をクリアしました。でもこの４００万円はとりあえず最低の３か月だけ定期預金に入れて、その後は解約しました。

このように金利交渉に成功した結果、２棟目と3棟目の返済比率は65％程度に下がりました。これでも今の私の基準からすればまだまだ高いですが、80％を越えていた危険水域よりはかなり下がり、仮に8部屋中1部屋が空室でもマイナスにはならず、２部屋空室になったとしてプラスマイナス０程度に持ち込むことができたのです。

残債以上で買い手が見つかった

現在この物件は売りに出しています。残債が6，５００万円になっているのですが、7，３００万円で買いたい、と言う購入希望者が現れました。売却する方向で話を進めているところです。

妻もアパート経営に乗り出した。

このように私が名古屋で毎年1棟ずつ物件を購入している姿を見ていた妻が、「私もやってみた

〔図表17　妻の１棟目　千葉市内の物件
１ＬＤＫ　８室のデザイナーズアパート〕

い」と言い出したのです。もちろん今までの物件購入の際にも、妻には連帯保証人になってもらっていたので、全くアパート経営に理解がないわけではありませんでした。しかし実際に、毎月20〜30万円の現金が残っていく様子を見て、自分でも経営に参加したくなったようです。

不動産経営において、配偶者の理解と協力が得られることは大きなメリットがあります。まず心理的に大変楽になります。先輩経営者の中には、家族の理解が得られずに苦しんでいる人もいました。それを思えば反対されないだけでも感謝しなければなりません。ましてや一緒に経営に当たってくれればこんなに力強いことはありません。その意味で私は恵まれていたと言えるでしょう。

エリア分散で、妻は関東圏で購入した

妻の最初の物件は千葉市の郊外で総武線、京成

〔図表18　妻の２棟目　２３区内　駅徒歩７分の立地
１ＬＤＫ　８部屋のデザイナーズアパート〕

線の最寄り駅から徒歩７分という立地です。需要としては、千葉市内は15分、首都圏まで直通で１時間以内なので、両方の需要が見込めます。

やはり１ＬＤＫ×８部屋のロフト付デザイナーズアパートです。２０１５年に購入しましたが、総予算は８，０７０万円と８，０００万円を超えてしまいました。融資は４・５％銀行と同じ県に本拠地を置くＳＺ銀行で金利は団信つきで３・９％、期間は28年間です。

家賃は５８，０００円ほど取れる場所でしたが、当初の収支は収入46〜48万円に対して、返済が43万円という危険水域からのスタートでした。これでは1室の空室がギリギリで2室空室が出たらアウトです。

しかし、新築で需要も見込まれる立地だったので、経営開始して2年間は一度も退去が発生せず、安定経営ができていました。

妻の2棟目は初めての23区内

妻の1棟目はやはり3・9％と高金利での借入だったので、1年後をめどに借り換えまたは金利交渉ができるよう、複数の金融機関と交渉することにしました。

借り換え交渉と同時に、さらに関東圏でアパート用地を探していたところ、東京23区内京成線沿線、駅徒歩7分という好立地に土地が見つかった、との情報が得られたので。早速妻と2人で現地のマーケティングに出かけました。土地は完全な整形地で、近隣との境界もOK。駅からの道も平坦で住宅と商店が混在しているエリアでした。20m先にコンビニがある点も、単身者にとってはアピールポイントです。ここに妻の2棟目を建てることにしました。

関西の地方銀行からの借り入れ

今回の融資は、山口県に本店のある地方銀行のS銀行にお願いしました。物件価格が8,600万円金利は2・55％で30年融資が引けました。このローンはいわゆるアパートローンで、アパートの開発会社が手がけた「提携ローン」です。審査も早く、1か月後には契約を結ぶことができました。

物件はやはり1LDK×8部屋のロフト付デザイナーズアパートです。家賃は56,000円～58,000円で家賃収入が45万円に対して、返済が34万円です。8部屋中2部屋が空室になると手出しになってしまいますが、23区内、駅徒歩7分の立地なので、入居者は必ず入ると見込んでいます。

この物件も返済率75％とやはり高めではありますが、立地は良かったので、こちらも将来の借り換えを前提に経営することにしました。2年経過した現在も、満室経営が続いています。現在、前回借り換えを実行した銀行やそれ以外の金融機関にも借り換えの交渉をしている最中です。

私も4棟目にチャレンジ

妻の2棟目の話が出たときに、山口県のS銀行が、積極的にアパートローンを出していることがわかったので、ダメもとで私にも融資が出るかどうか調査してもらいました。

そうしたら、「ご主人も大丈夫です」と言うお返事をいただきましたので、今までアパートを購入した会社にお願いして、新たに土地を探してもらうことにしました。

京都に土地が見つかった

エリア分散も考えて、妻が関東に2棟所有したので、私は名古屋以外の関西を考えていることを伝えたところ、アパート建設会社の営業マンが「めったに土地の出ない京都で、土地が見つかりました」との連絡があり、夫婦で立地を確認しに行きました。

京都の市街地からは少し離れた場所でしたが、国道から200mほど入った土地で、接道も申し分なく、何よりすぐ前にコミュニティーバスのバス停があり、通勤通学には便利そうです。近隣に大学もあり需要も安定的に見込まれます。また正方形のきれいな土地で、境界や近隣にも問題が無

〔図表19 「死に地」がある土地〕

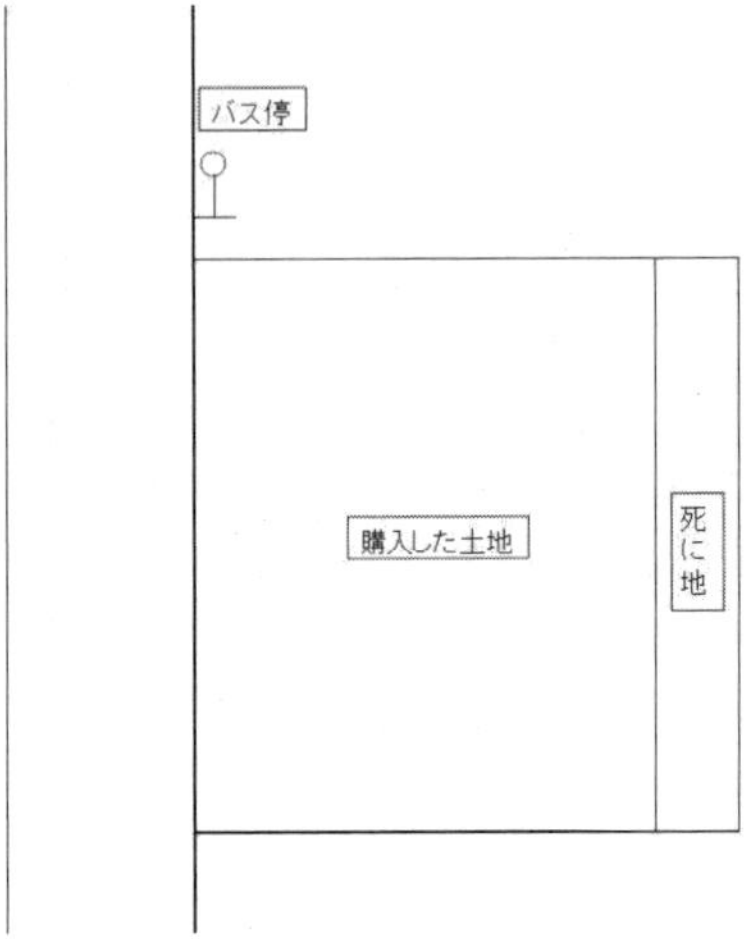

いことがわかりました。

「死に地」がある土地

ただ、図表19のように、私が買おうとしている土地の奥に「死に地」と呼ばれるいわゆる接道がない土地があることが気になりました。その「死に地」について土地仲介業者に尋ねてみたところ「だいぶ前に地主が亡くなっていて、権利関係が複雑で、権利者が20人ほどいて、とても全員の同意を取り付けることが難しいので、死に地のまま置いておきます。もし将来権利関係がすっきりしたら購入することも可能で、敷地面積が広がっていいですよ」とのことでした。

そのため、実質「私の土地ではないのだが、私しか使えない土地」と理解してこの土地の購入契約をしました。まさかこの「死に地」が後にトラブルの原因になるとは、このときは全く想像でき

〔図表20　死に地にまたがって建てる〕

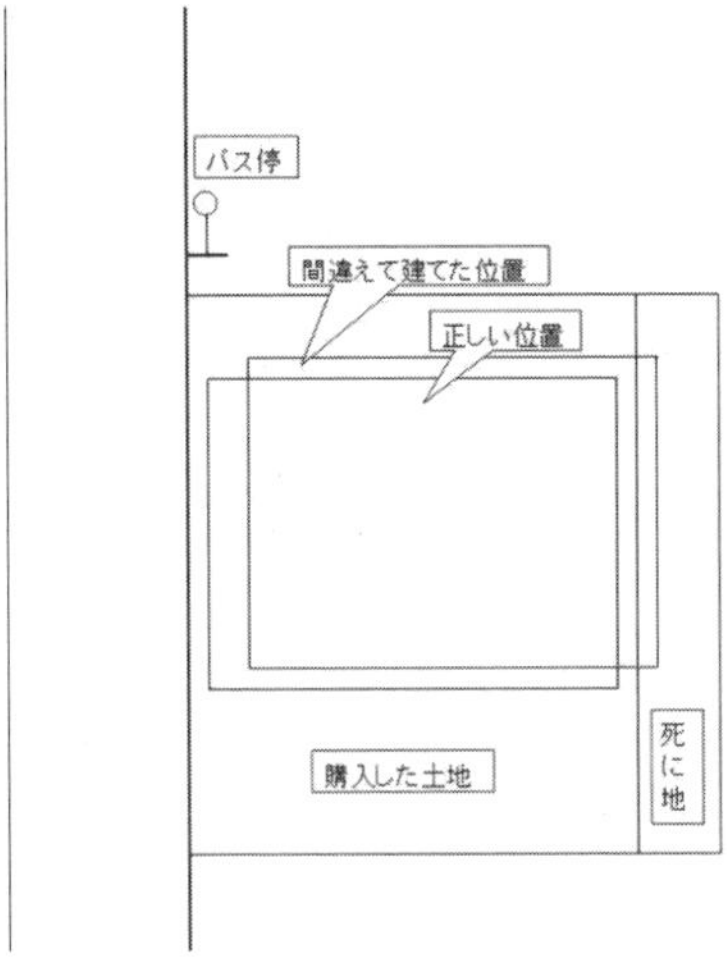

ませんでした。

京都は、条例の規制がかなり厳しい

２０１５年の11月に土地を購入し、建物の建設許可が下りるまで半年近くかかりました。京都は条例の縛りが厳しくて、建物の色とか、高さなどにもさまざまな独自のルールがあるので、認可が下りるまで時間がかかったのです。それでも翌２０１６年の５月には着工し、８月末に完成し、９月から入居が始まるというスケジュールでした。

「死に地」にまたがって建物を建ててしまった建設業者！

そんな２０１６年７月のある日のこと、この土地を紹介してくれたアパート建築会社の営業マンから連絡があり、「申し訳ありませんが、建物の位置を間違えて建設を始めてしまいました」との連絡が入りました。

最初は何を言っているのか意味がわからなかったのですが、よく聞いてみると、どうやら基礎工事に入る際、現場の担当者が図面を勘違いして、建物の基礎工事を例の「死に地」にまたがって施工してしまったようなのです。

この時既に建物の上棟も終わり、中間検査の際に検査官に位置の間違いを指摘されて、初めて気がついた！とのことでした。

ありえないミスにどう対応するのか

私は「それってありえないでしょう！」と叫びましたが、間違って建ててしまった事実はどうしようもないことなので、次の日曜日にアパート建築会社の会議室に、関係者が集まり、今後の対応策を話し合うことになりました。

社長以下大阪支社の幹部全員がそろったその会議では、第1の策として、死に地を買い取れるように地権者を説得して回る。

第2の策として、建物を一度全部壊して、新たに正確な位置に建て直す、という2案が検討されました。

しかし、実際問題として「死に地」を買い取ることが困難なことは、この土地を調査したときからわかっていたことです。限られた時間内で全債権者の同意を取り付けるのは「ムリ」との結論に達しました。

再建築しか方法がない！

となると、もはや再建築しか方法はありません。業者にしてみれば、せっかく建てた建物を取り壊して建て直すことは、大損害ではありますが、人の土地に建物を建ててしまったのですから、これは弁解の余地がありません。

私にしても、９月に入居開始予定となっていたので、銀行への返済も９月から始まってしまいます。

とにかく急いで工事を進めてもらわないと、家賃は入らないのに返済だけが始まるという大ピンチに陥ります。

やはり瑕疵担保責任保証は重要だ

ここで、瑕疵担保条項に基づき、「たとえ建物の建設が遅れても、予定通り９月分からの満室家賃は保証してください！」と主張しました。会社側は、最初は銀行の返済を遅らせる方向で検討していたみたいですが、私は、「契約どおり、９月分からの家賃保証をお願いします」と主張して結果的には私の主張が通りました。

改めて、瑕疵担保責任保障の重要性を認識した出来事でした。

〔図表21　私の４棟目　京都の物件
１ＬＤＫ　８部屋のデザイナーズアパート〕

その後は満室経営

いろいろあった京都の物件も２０１６年の11月には完成し、程なく満室となり、現在まで１人も退去者が出ないまま推移しています。

しかし節目節目で、自分の目で現場を確認することの大切さを感じた出来事でした。

夫婦で新築１棟アパートを買い進めた結果は・・・

結局、その会社で、夫婦で買い増しをしていき、２０１６年末には、私が4棟、妻が2棟のアパートを所有するまでになりました。「この調子で買い増すことができれば、退職までに資産形成ができるぞ」と思っていたのですが、次の物件を探し始めたときに、銀行の担当者から「けやきさんご夫婦は、もう個人の融資枠をほぼ使い切っていますね」と言われ、それこそ脳天真っ２つになるくらいの衝撃を受けました。

そうなのです。その当時の私は「わかったつもり」になっていて、積算価格や、出口戦略、銀行の融資姿勢、個人に対する融資限度額など何も理解していなかったのです。ただ「夫婦で公務員で個人属性が高い」という一点に依存して買い増しをした結果、個人の融資枠を使い切ってしまった、ということなのです。

6　失敗からのリカバリー

失敗から立ち直るために、金利交渉と借り換えにチャレンジ

新築1棟アパートは、稼動し始めればほとんど手間がかかりません。退去が出ても、1～2か月ですぐ埋まります。広告宣伝費もせいぜい家賃の1か月分ですみますし、修繕も発生しません。ほとんどオートマチックに利益を生んでくれます。

しかし私たち夫婦の場合、金融機関からの借入金利が高めで、家賃収入に対する返済比率が70～80％であったため、それほどキャッシュは残っていませんでした。8室中1室の空室にはぎりぎり耐えられますが、もし2室空室になったら完全に手出しになります。幸いなことに保有期間中、2室同時に空室になることはなかったのですが、将来は十分ありえることです。

なかなか減らない元金

また元利金等返済で利率が高いということは、当初の返済額の大半が利息に充てられ、借入金の

返済に回されるお金はわずかです。

一方で建物の減価償却期間は、木造なので22年と定められています。

その結果建物の価値が、毎年4・5％ずつ価値が減っていくのに対し、残債はそれほど減らないということになります。もしこのまま10年もたてば、借入金はあまり減っていないのに建物の価値は大幅に減っていて売却しても借入金が返済できなくなる可能性すらあります。

借入金利が高すぎる

これは、明らかに借入金利が高すぎるために起こることです。これを回避するためには金利を下げるか、融資期間を延ばすしかありません。金融機関は期間延長に同意してくれることは難しいので、金利交渉を行おう！　と決めました。

しかし、何の実績もなければ金融機関も交渉には応じてくれないと考え、まずは実績と信用を積み重ねることにしました。家賃収入には一切手をつけず、銀行口座に積み立てるのは当たり前として、それ以外にやせ我慢して毎月給料から10万円を積み立てていきました。

金利交渉にチャレンジ

そして2棟目のところで説明したように、金利交渉の結果、私が所有する4棟中2棟について、4・5％から2・9％に金利を下げることに成功したのです。

これで月々のキャッシュフローが2棟で20万円程度改善しました。キャッシュフローも改善し、返済も早く進むという好循環を実現することができました。

借り換えにもチャレンジ

次に妻の物件の借り換えにもチャレンジしました。千葉にある妻の1棟目はSZ銀行で金利3・9％で借り入れをしていたのですが、たまたま物件の地元の地銀の都内にある支店で、借り換えのキャンペーン中であるという情報を得て、早速交渉に臨みました。

その結果、物件購入後1年目で、金利0・75％、期間21年という好条件で借り換えが成功しました。この結果、借り換え以前は毎月の返済額が39万円（元金13万円、利息26万円）だったものが、借り換え後は、毎月の返済額が34万円に圧縮され、さらにその内訳は（元金29万円、利息5万円）にまで利息を減らすことができました。

これで、年間348万円元金の返済が進みます。10年間3，480万円です。10年後の残債は約4，000万円ですが、この物件の10年後の積算評価と同じか、積算を下回ることが見込まれます。

さらにこの物件は立地もまずまずなので、10年後に仮に利回り9％で売却したとしても6，000万円以上での売却が見込めます。その際は2，000万円以上の売却益が望めます。このように借入利率が下がれば、家賃収入でどんどん残債が減っていく好循環ができますので、CFが月に10万円ほど残り、最後出口で売却したときには大きな売却益を得ることができるという状況に持ち込むことに成功したわけです。

理論上木造の建物の価値は築22年で0になり、物件の価値は土地値だけになりますが、その際（21年後）に借入金の返済が終わっているので、最低でも土地値分の含み益が発生するということです。

もちろん最新の木造アパートですから、たとえ21年後でも十分入居者は入るし、家賃も入ることは間違いありません。実際に、21年後に売りに出しても新築時の7割～8割の価格で売却できるでしょう。低金利への借り換えにより、家賃が短期間で借入金を返済してくれるというストック型の良い案件に生まれ変わったのです。

借り換えによって金利が下がれば、収益は劇的に改善する

このように低金利で借り換えることができれば、物件の収益性（インカムゲイン・キャピタルゲイン）は飛躍的に向上します。借り換えによってこの物件は、持ってよし（毎月10万円のCF）売ってよし（10年後に売却で2，000万円以上の売却益）の状態に持ち込むことができました。私たち夫婦にとって「お宝物件」となったのです。

出口で確定する利益

実際には、2017年に、私は所有していた4物件のうち3物件を売却しました。ちょうど2017年は物件価格が上昇し、高く売りやすかったためです。3棟合わせて売却益が1，

000万円ほど得られました。所有した5年間で得た家賃収入とあわせると1，500万円ほどになります（ここから税金が引かれますが）。

売ったときに、初めてトータルの利益が確定する

このように不動産経営では、1つの物件を所有した際のトータルの損益は、その物件を売却（出口）したときに初めて確定します。この売却まで含めた経営戦略を出口戦略と呼んでいます。実は出口戦略は物件を購入する前からしっかりと意識しておく必要があります。

特に地方の大型中古RC物件を高金利で買ってしまうと、物件の積算評価が借入金を大きく下回ってしまう可能性があります。こうなると売りたいと思っても次の買い手が付かない可能性が高くなります。

売却して損切りしたくても「売るに売れない」状態となり、持ち続けるしかなく、しかも赤字を垂れ流す最悪物件となりかねません。購入する前に、「何年保有するか」「保有後売却は可能か＝次の買い手に融資がつくのか」「保有中の家賃収入と予想される売却での損益を合計するといくらになるのか」などをしっかりとシミュレーションしておくことが大切なのです。

次の買い手が買いやすい時期に売るのも、大切な戦略

またそのまま持ち続ける、という選択肢もあります。ただ、木造物件の場合、耐用年数が22年な

ので、10年程度で売却すれば、次の買い手も長期の融資が受けられるので、（現在O銀行では築10年の木造物件に30年のローンを出している）買いやすいという事情もあります。10年後の情勢を見て判断すればよいと思います。

出口では、複数の選択肢がもてる物件を選ぼう

物件を所有すると、どうしても稼働中の利回りや、毎月のCFに目が向いてしまいます。確かにそれらは物件を評価する際の大切な指標です。

しかし、最大にして最もインパクトのあるのが、「出口」つまり売却の戦略です。このとき例えば5年後、10年後、15年後、20年後というように、期間を決めてそのときの残債の額と、予想される売却額をシミュレーションしておきましょう。不動産の相場には周期があるので、物件価格が上昇しているタイミングで、うまく売却することで利益を最大化することができます。

この出口戦略を考える際に、持ち続けてもよし（CFが出ている）、売ってもよし（残債が積算価格を下回っている）という状況に持ち込めていることが、安定した経営を続けるために必要な条件になります。そのために、物件を買う前に、しっかりとシミュレーションをし、様々なシナリオを立てておくことが大切です。今振り返ってみると、私の不動産経営はその場の勢いや、行き当たりばったりでの判断が多く、「危なっかしい」経営であったと思います。これから不動産経営を始める皆さんには、ぜひ事前の長期シミュレーションを欠かさずに取り組んでほしいと思います。

第4章

教師が金融機関から融資を受ける６つのノウハウ（融資のノウハウ）

1　金融機関の種類と特徴を知るべし

金融機関によって、不動産に対する融資基準が違う

金融機関によって、融資が出るエリアや、融資金利、融資対象の物件、融資期間、対象とする個人の属性はさまざまです。またこの基準も絶対的なものではなく、そのときの情勢によって変わることがあります（図表22）。

都銀（メガバンク）のハードルは高い

都銀はメガバンクのことです。みずほ、三菱東京ＵＦＪ、三井住友、りそな、が該当します。都銀は全国に支店があるので、融資対象エリアも全国です。金利は比較的低めですが、個人の年収1，０００万円以上とか自己資金3，０００万円以上とか、初めて不動産経営を始めるには、かなりハードルが高いです。教師や公務員が1棟目で融資を受けることは実質難しいと思います。

地方銀行は融資エリアが限定されることが多い

次に地方銀行です。地方銀行の場合融資範囲はその銀行の営業エリア内に物件があるケースがほとんどです。アパートローンというパッケージ型のローンを扱っていることも多く、仲介業者とつ

〔図表22　各金融機関の融資基準〕

	エリア	金利	融資期間	年収	自己資金
都銀	全国	0.4 ～ 1.5%	耐用年数内	1,000 万円～	3,000 万円～
地銀	県内、隣接県	1.0 ～ 2.5%	耐用年数内が多い（例外あり）	600 万円～	500 万円～
信金	県内（一部）	1.5 ～ 3.0%	耐用年数越え可が多い	400 万円～	300 万円～
ノンバンク	全国	2.0 ～ 4.0%	耐用年数越え可	300 万円～	100 万円～
公庫	全国	0.9%～ 2.3%	10 年が基本	300 万円～	100 万円～

ながりを持っていることも多いので、業者の紹介で融資を打診すると、話がスムーズに進むことが多いです。借り換えや金利交渉にも柔軟に対応してくれることも多く、使いやすい面が多いです。

しかし、その支店の方針や支店長の方針で融資が左右されることがあり、A支店で融資が通らなかった案件をB支店に持ち込むと融資が通ったりします。このあたりはこまめにヒアリングをしていくしかないです。

不動産融資に積極的な地銀がある

地銀の中でも特に不動産融資に積極的なのがSR銀行です。しかも融資範囲は全国で審査も早く、おおむね2週間もあれば融資の審査結果が出ます。融資の判断基準は収益還元が中心で、積算はほとんど見ません。個人のみを融資対象としていて、属性にもよりますが、最高で年収の20倍までの融資が出ます。対象はRC、鉄骨が中心ですが、新築木造アパートにも融資が出ます。

ただし、昨今物件価格が上昇傾向にあるので、事前にしっかりとシミュレーションをしてCFが出ることを確認してください。

新築アパート業者によっては「とりあえずSRでローンを引きましょう。1〜2年したら金利交渉可能です」とすすめてくることも多いですが、情勢しだいで、金利交渉に応じてくれる保証はありません。金利は頑なに4・5%を守り続けていましたが、同じ地元のSZ銀行に追随する形で、最近は3・5%が主流です。

SR銀行とSZ銀行はライバル関係

SR銀行と同じ地元のSZ銀行も不動産融資に積極的です。こちらのエリアは関東の一都三県（東京、神奈川、埼玉、千葉）、静岡、名古屋エリアが中心です。収益還元を重視し、金利は3・5%が中心で、属性しだいでは交渉可能のようです。融資年数は47年－築年数が上限になります。

関東圏では、C銀行が不動産融資に積極的です。エリアは同じく一都三県。属性によっては金利1%台を引き出した人もいるようです。新築木造、または高積算のRCや鉄骨に対して積極的に融資します。

私も築1年の築浅木造物件の融資の借り換えをお願いして、他行の3・9%から期間21年で金利

０・７５％の借り換えに成功したことがあります。しかしこの原稿を書いている２０１７年11月現在の情報では、行内のルール変更があった可能性があり、急に融資が閉じた、との情報があります。

信金・信組は地域密着系金融機関

次に、信金・信組です。信金・信組は地域密着型の融資を行うのが基本ですので、エリアがそれぞれ限られています。また支店や担当者によってそれぞれ条件が違うので、こまめにヒアリングをして、どのような物件にどのような条件で融資が出ているのかリサーチすることが大切です。

基本的に収益還元で評価をします。私の経験では、空室率20％、金利４％という条件でストレスをかけて、それでもＣＦが出ている物件であれば、土俵に乗せることができました。金利は２・５～３・５％が基本で、属性や金融資産によって上下します。また木造よりも鉄骨やＲＣを好む傾向があります。

銀行の融資姿勢を見るには開示情報（ディスクロージャー）を見てみる

どの信金・信組が不動産融資に積極的か知るためには、各信金・信組の開示情報（ディスクロージャー）を見てください。その中には貸出先の業種ごとに金額や割合が明記されています。もし不動産業への融資割合が全体の40％以上を占めていたら、その信金・信組は不動産融資に積極的だと見ることができます。

関西には不動産融資が70％を超える信組も存在します。しかも違法建築や最建築付加の物件にも融資を出しています。もし不適格物件の取得を考えている場合は、信金・信組に案件を持ち込むと融資が出る可能性があります。

政府系金融機関も強い味方です

次に日本政策金融公庫です。政府系金融機関で、女性や高齢者（55歳以上）の起業を支援するという目的があります。そのため年収が低い方でも融資が下ります。またエリアも全国で物件の構造も問いません。

ただ、欠点としては融資期間が10年（最長15年）ということと、物件の積算評価の50％の金額までしか融資が出ないので、ある程度の自己資金が必要です。

また耐用年数オーバーの物権にも融資が出ますので、地方の高利回りの築古物件の取得には向いていると思います。こちらも支店や担当者によって条件が違いますので、たとえA支店でダメでも、B支店でOKと言うことがあります。

ノンバンクは、審査が早いが金利は高い

最後にノンバンク、外資系の金融機関です。不動産融資に特に積極的なのがO銀行です、年収７００万円以上で55歳以下であれば２・３％で融資が出ます。また木造を40年で評価しますので、築10年の木造物件に対しても30年の融資が出るところが大きいです。

2　アパートローンとプロパーローンの違いを知るべし

ローンにもレディメイドとオーダーメイドがある

融資を受けて不動産を取得する際には、その融資の種類と特徴を知っておく必要があります。服を選ぶときも、でき合いの服もあれば、自分に合わせて採寸してくれるオーダーメイドもありますね。ローンも同じで、最初から属性をクリアしていれば、金融機関があらかじめ用意しているアパートローンを利用できます。

アパートローンは個人向けのパッケージローン

アパートローンは基本的に住宅ローンと同じ個人ローン商品で、新築の物件購入を前提としたローンですが、O銀行のように築浅物件の借り換えに対応しているものもあります。属性の審査さえ通れば、融資までの判断が早いのが特徴です。

金利は金融機関ごとにさまざまですが、２%～３%台が多いです。融資期間も金融機関で違いますが最長40年出す金融機関もあります。中には新築アパートメーカーとタイアップして、そのメーカーの物件限定でローンを出す金融機関もあります。利回り次第では検討してみてもよいと思います。

プロパーローンは、オーダーメイドローン

一方、金融機関が借り手の状況を精査してオーダーメイドで融資条件を決めるのが「プロパーローン」です。「プロパー」は「本来の」「固有の」と言う意味で、その銀行独自の融資を指しています。

プロパーローンは金融機関から見れば、個人ローンにではなく、事業向けのローンという位置づけです。したがって、借り手の財務状況、不動産の収益、物件評価額などを総合的に判断して融資の可否を決めていきます。金利も決まっていません。借り手の財務内容、自行との取引状況、ライバル銀行との兼ね合い、など複数の要因を考慮して相対で決められます。

1棟目からプロパーローンを引くのはハードルが高いと思いますが、もし法人を設立して不動産経営を行う場合は、可能性がありますのでチャレンジしてみる価値はあると思います。その場合は居住地か物件所在地の信金・信組で相談するのがよいと思います。

3　利回りとキャッシュフローの違いを知るべし

表面利回りは物件をスクリーニングする際の指標に過ぎない

楽待、健美家等の物件検索サイトでまず情報のスクリーニングを行う際に、条件設定するのが「利回り」です。3章で述べたように、「表面利回り」は年間の満室家賃収入を購入価格で割って100倍（％）したものです。

しかし、実際の不動産経営では表面利回りよりもＣＦが重要になってきます。例えば８，０００万円の物件で、毎月の家賃収入が50万円だとすると、表面利回りは、50万円×12か月÷８，０００万×１００（％）＝７・５％となります。この物件を４・５％30年で融資を引くと月々の返済が40万円なので、ＣＦは毎月10万円です。

表面利回りだけでは、物件の「稼ぐ力」はわからない

一方、同じ8，０００万円の物件で、毎月の家賃収入が40万円だとすると利回りは６％に下がります。しかし、この物件でもし１・５％で30年のローンが引けると、月の返済は27・６万円で済みますので、ＣＦとしては毎月12・４万円となり、こちらのほうが毎月の手残りが多くなります。

しかも10年後の残債を比較してみると、４・５％30年のローンの場合、約６，４００万円であるのに対して、１・５％30年のローンの場合は5，７２０万円となり、６８０万円ほど多く返済が進んでいます。

このように物件の評価は、表面利回りだけではわかりません。その物件に対する融資の利率と融資期間を考慮し、最後売却する際の残債までしっかりシミュレーションしなければ、物件の本当の「稼ぐ力」は見えないのです。

繰返しますが、不動産経営の結果は最後に物件を売却したときに確定します。毎月のＣＦだけを見るのではなく、残債と売値についてもしっかりシュミレーションしてください。

見るべきは、「実質利回り」と「キャッシュフロー」

実質利回りは（年間家賃収入－年間運営経費）／（物件価格＋購入経費）×１００（％）で表されます。

運営経費には、空室による損失、管理料、修繕積立金、固定資産税、都市計画税、修繕費用、水道光熱費等が該当します。

また、購入経費には、不動産仲介手数料、司法書士手数料、印紙代、登記費用等が該当します。経費はおおむね家賃収入の10～20％が見込まれますので、実質利回りは表面利回りに比べて5％ほど低くなるのが一般的です。

ＣＦ（キャッシュフロー）とは

ＣＦは（家賃収入－経費－返済）ですので、ＣＦを増やすためには、家賃収入を上げるか返済を減らすしかないのです。

実際には家賃を上げることは難しいので、そもそも返済額が少なくてすむような借り方をしなければいけないということです。具体的には、できるだけ高利回りの物件に対し、できるだけ低金利で長期間のローンを引き出すことが大切なのです。

特に融資期間は重要です。多少金利が高くても、融資期間が長いほうが毎月の返済額は圧縮できます。ＣＦが残ることで、突発的な出費に対しても対しても対応できる余裕が持てるようになります。

４　銀行とのコネクションのつくり方を知るべし

まずは、使える金融機関を開拓せよ

不動産経営を始めるに当たっては、物件のスペック（新築か中古か、アパートか戸建てか、木造かＲＣか、など）にどうしても目が行きがちですが、実は一番大切なのは、どの金融機関からどのような融資を引き出すか、なのです。

そもそも融資が出なければ、話は始まりません。ですから金融機関の開拓は最重要課題なのです。

金融機関の開拓は最重要課題

日本には約５００の金融機関がありますが、まずその中で、自分が使える金融機関を見極めて、開拓する必要があります。

金融機関にとっても、安定経営ができる不動産は金の卵ですから、積極的に融資を出したいものなのです。そこで、まずは金融機関の担当者との関係づくりが大切になります。

個人で開拓する

金融機関がお金を貸してくれるためには、

〔図表23　銀行セット〕

①　物件の評価に関して ・建築事業計画（新築）または物件概要書（中古）図表24・図表25参照
②　人物の評価に関して ・「身分証明書」（「運転免許証）等） ・「印鑑証明書」（区役所） ・「住民票」（世帯全員・続柄記載、本籍・マイナンバー省略）（区役所） ・「納税証明書（その１納税額等証明用）」（税務署（郵送でも可）） ・「納税証明書（その２所得金額用）」（税務署（郵送でも可）） ・「納税証明書（その３未納税額のない証明用）」（税務署（郵送でも可）） ・「退職一時金ポイント通知書」 ・「賞与明細書」 ・「給与明細書」 ・「年金定期便」 ・「借入金の返済表」 ・「借入金の返済がわかる通帳」（原本） ・「自己資金・金融資産のわかるもの」（通帳・証券等）
③　事業の評価に関して ・「確定申告書」（給与所得だけの場合は「源泉徴収票」）３期分 ・「所有不動産の賃料がわかるもの」（管理会社からの家賃支払明細書等）

①物件の評価（その物件がきちんと安定経営できて利益を生んでくれる物件なのか）と

②人物の評価（借り手がきちんと返済できる能力があるのか）

の両方で金融機関ごとの基準をクリアする必要があります。そのために、担当者を説得できるだけの資料を用意してから訪問することが必要です。

俗に「銀行セット」と呼ばれている書類があります。図表23の書類をできるだけそろえてから金融機関に出向くようにします。

実際に金融機関を回ってみよう

金融機関を訪ねるときは、あらかじめアポをとり、時間に遅れないように支店を訪ねます。私の友人には、物件の所在地と自宅の間にある金融機関すべてに打診した人物がいます。年休を取って一日に2～3行回ったそうです。

結局19行たずねて、融資が引けたところはなかったようですが、このような努力を重ねたことで、金融機関の特徴や融資に対する姿勢が学べた、と言っていました。

私も以前、ポスティングされた「アパートローン借り換えのお知らせ」を見て、該当する金融機関に相談に行ったことがありますが、結局1週間後に「ご希望には添えません」と断られました。

銀行目線で考えれば、まったく取引のない客に融資を出すためには、事前に物件の情報や個人の属性情報など、多岐に渡って慎重に審査しなければならないので、はっきり言って飛び込みの客は迷惑と思われても仕方のないところなのです。

多忙な教師にもできる金融機関開拓法は

しかし、超多忙で休暇もほとんど取れない教師の皆さんには、このローラー作戦は現実的ではありません。ここは「紹介」で行くべきです。金融機関でも不動産への融資に積極的なところは、必ず仲介業者とのパイプがあります。

そこで、私たちはまず仲介業者から物件の紹介を受け、業者と一緒に金融機関を訪問するとよいでしょう。先方も「飛び込み」の客よりは、すでに取引実績のある仲介業者からの紹介であれば、優先的に審査に上げてもらえる可能性が高くなります。

〔図表 24　建築事業計画書のサンプル〕

建築事業計画書(概要)

施主名:　　　　　　　　　　　　　　様

1. 土地の概要

住所(住居表示)	東京都練馬区●●●●　〇丁目△番◇号		
所在地(地番表示)	東京都練馬区●●●●　〇丁目△番◇号		
敷地面積	256.23 ㎡　(77.64坪)		
用途区域	第一種住居地域		
建蔽率	60%	容積率	300%
道路状況			
土地取得予定日	平成29年 ●●月予定		

2. 建物の概要

主構造	木造　　造 (準耐火建築物)		
階数	(　)階建て　延べ床面積		280.25 ㎡
ルームタイプ	住居:0　賃貸:8	専有面積	㎡
着工予定日	平成　年　月　旬	竣工予定日	平成29年 ●●月 下旬

3. 必要資金(概算)

建築工事費	本体工事	¥42,360,000
	消費税	¥3,388,800
	小計	¥45,748,800
設計料(概算)		¥1,425,000
解体・給排水・外構工事等		¥2,500,000
合計		¥49,673,800
土地購入および諸経費等	土地購入費	¥42,000,000
	仲介手数料	¥1,425,600
	地主承諾料(借地)	¥0
	印紙税(土地売買)	¥45,000
	不動産取得税(土地概算)	¥800,000
	登録免許税(土地概算)	¥315,000
	登記費用(司法書士報酬)	¥50,000
建物諸経費	印紙税(工事請負契約)	¥45,000
	不動産取得税(建物概算)	¥820,000
	登録免許税(建物概算)	¥120,000
	登記費用(司法書士報酬)	¥50,000
銀行手続きに関する諸経費	印紙税(金銭消費貸借)	¥60,000
	登録免許税(抵当権設定)	¥450,000
	登記費用(司法書士報酬)	¥50,000
	融資事務取り扱い手数料	¥200,000
	銀行保証料(概算)	¥1,520,000
	保証会社事務手数料	¥30,000
	金利負担(工事期間中)	¥700,000
	火災保険(概算)	¥1,400,000
その他	その他諸経費	¥1,000,000
	合計	¥51,080,600
総合計		¥100,754,400

3. 必要資金(概算)

自己資金	¥754,400
銀行借入	¥100,000,000
その他	
合計	¥100,754,400

借入明細	金額	¥100,000,000
	期間	25年
	据置	10ヶ月

〔図表25　物件概要書のサンプル〕

物件概要書

物件名	●●ビル			
価格	6960万円（消費税込）			
所在地	住居表示	●●県△△市◇◇◇　3-10-33		
	地番	●●県△△市◇◇◇　●丁目△△番◇◇		
交通	JR●●線「△△」駅　徒歩10分			
土地	地積（公簿）	地番	㎡	坪
		△△番地◇◇	227.91	68.94
		△△番地◇◇	106.02	32.07
		△△番地◇◇	8.49	2.57
		本地部分合計	227.91	68.94
	権利形態	所有権		
	地目	宅地・公衆用道路		
	現況	宅地・公衆用道路		
建物	床面積	階数	㎡	坪
		1階	134.19	40.59
		2階	145.41	43.99
		3階	145.41	43.99
		延床面積	425.01	128.57
	構造・階数	鉄骨造　陸屋根　3階建て		
	築年月	平成7年2月7日新築		
	用途	共同住宅・車庫		
	間取り	1DK×1室・1LDK×2室・2DK×4室　合計7室　駐車場5台		
	備考			
公法上の制限	用途地域	第一種住居専用地域		
	建蔽率	60%	容積率	160%
	防火指定	準防火地区		
	接道	私道・位置指定道路 幅員4mに約17.6m接道		
	その他	市街化区域		
その他	備考			
取引の様態	仲介			
備考	満室想定賃料	¥5,921,640	現況満室	
	現行グロス賃料	¥5,921,640		

必要書類も、仲介業者によってはすでに雛形が存在し、そこに書き込めばできてしまうものもあります。

これだけでも大分労力を省くことができます。図表24、25に建築事業計画書と物件概要書のサンプルを示しておきます。

5　固定金利と変動金利のメリット・デメリットを知るべし

アパートローンを利用する場合、ローンの金利は大きく分けて「全期間固定型」「固定期間選択型」「変動金利型」の3タイプがあります。

全期間固定型

全期間固定型のメリットは、返済期間中を通して、借入時に確定した金利が変わらないことです。ただし一般的に「固定期間選択型」「変動金利型」と比べると金利は高めに設定されています。

しかし借入時に毎月の返済額や総返済額が確定するために、将来もし金利が上昇したとしても、その影響を受けることがなく、借入全期間中堅実な返済計画が立てられます。

堅実な返済計画を立てておきたい人、将来の金利上昇の心配をしたくない人、安定感や安心感を求める人にはおすすめです。

全期間固定型のデメリットとしては、一般的に金利が高めに設定されていることのほかに、もし金利が高いときに借入をしてしまうと、返済期間中ずっとその高い金利を払い続けること、将来的に金利が下がってもその恩恵を受けられないこと、などが挙げられます。

固定期間選択型

固定期間選択型では、2年、3年、5年、7年、10年、などの中から固定金利期間を設定します。固定金利期間中は返済額が一定期間確定するため、変動金利型に比べると期間中の返済計画は立てやすく、全期間固定型に比べて金利が低めに設定されています。

固定期間終了後は、再度固定金利を選ぶことも変動金利を選ぶこともできますので、固定金利期間終了後に金利が下がっていた場合は低い金利の選択が可能になります。

固定期間選択型のデメリットは、借入を行った段階でローンの総返済額が確定できないので、長期間にわたっての返済計画が立てられないこと、固定期間終了後にもし金利が上がっていたら、当初の固定金利期間と比べて月々の返済額が増えてしまうことです。

将来的に繰上げ返済などで返済期間の短縮を考えている人に向いているといえます。

どんな場合でも未来の金利を予測することはできませんが、現在の史上まれに見る低金利の恩恵も受けつつ、金利上昇のリスクも限定させたいと考えるならば、もし金融機関のメニューにあれば、検討する余地はあります。

変動金利型

変動金利型では、借入期間中金利の見直しが年に2回実施され、多くの金融機関では毎月の返済額の見直しが5年に1回実施されます。ほかの金利タイプと比べて、金利が最も低く設定されています。また、変動金利で借入中は、固定金利に切り替えることもできます。

変動金利型のメリットは、金利が低下すればそれに伴い毎月の返済額も下がる点です。金利が下落傾向にある状況では、その恩恵を最も受けることができます。

一方金利が変動しても5年間は返済額が変わらないということは、金利が上昇した場合、毎月の返済額のうち金利が占める部分が多くなり、元金が減りにくくなるということです。金利が上昇し続けた場合は最悪金利分だけで返済額を上回る可能性もあります。もし返済期間が終わっても元金や未払利息が残っていれば、最終返済日に一括して返済するのが一般的です。

変動金利が向いている人は・・？

返済期間が短い人、金利の下落局面でまとまった額の繰上げ返済をして低金利の恩恵を享受できるだけの資金的余裕のある人、金利の上昇局面で、固定金利選択型に借り換えるなどの適切な判断ができる人、金利が急上昇しても、それに対応できる資金的余裕のある人に向いています。

金利上昇と言うリスクはありますが、現在の史上まれに見る低金利の恩恵を受けられないのも残念です。

そこでローンを組む際に例えば土地は固定金利で組み、建物は変動金利で組むなどのリスク低減法も考えられます。金融機関に相談してみましょう。

６　団信（団体信用生命保険）のメリットを知るべし

団体信用生命保険とは

長期の住宅ローン、アパートローンを組む際に、リスクとして考えられるのが健康リスクです。「もし、事故や病気で死んだり、高度障害になったりしてしまったらローンが払えなくなってしまう…」という心配は当然です。

そこで、このようなリスクに対応するための保険が団体信用生命保険（団信）です。団信に加入していれば、ローンの債務者が死亡したときや高度障害状態になったときでも、ローンの残金部分の保険金が金融機関に支払われ、ローンの債務を清算することができます。

団体信用生命保険でカバーできないリスクとは

死亡や高度障害状態になってしまったとき、ローンの残代金は金融機関に支払われ、ローンは精算されます。しかしここで注意しなければならないのはあくまで「死亡または高度障害状態になったとき」なのです。

もしローンの債務者が死亡ではなく、病気や怪我の場合はどうなのでしょうか？　この場合は団体信用生命保険の保険金支払いの対象外なので、毎月のローンは払い続けなければなりません。収入が途絶えてしまったのにローンを支払い続けていくことは、短期的には貯金を取り崩して支払えたとしても、長期的には難しいです。最悪物件を売って、残金を精算しなければならないケースも考えられます。健康には十分気をつけたいものです。

注意したい3つのポイント①必要以上の生命保険に加入していないか確認する

民間のアパートローンの場合、保険料はローンの金利に含まれていることが一般的です。しかしその分団信のローンに比べると、金利は0・3〜0・6％程度高く設定されています。このあたりは、金融機関にしっかりと確認しておきましょう。

またアパートローンを組む前に、すでに生命保険に加入済みの方も多いと思います。すでに加入している生命保険に、住宅資金の保証額が含まれているなら、保証が重複していることになるので、アパートローンを利用する際は、すでに加入している生命保険の見直しをしたほうがよいケースが多いです。

注意したい3つのポイント②ローンの債務者が亡くなった場合はすぐに金融機関に連絡する

アパートローンの債務者に万一のことがあった場合、家族は直ちにローンの借入をしている金融機関に連絡を取って申し出てください。もし申告が遅れてしまうと、返済が滞納している場合の一部の利息が払われない可能性があります。

注意したい3つのポイント③健康状態によってはローンの借入ができない可能性もある

団信も生命保険の一種ですから、加入する際には健康状態の告知が必要です。一般の生命保険と比べると、告知の項目は少なめですが、健康状態に問題があり、加入できない場合は、ローンそのものの借入ができないケースもありますので、注意が必要です（団信の加入が義務づけられているローン契約の場合）。

7　融資がつけば買ってもよいのか

物件の「稼ぐ力」を見通しなさい

昨今一部では不動産投資がブームになっています。学校にもしょっちゅう「テレアポ」＝不動産投資の勧誘の電話がかかってきます。教師の職員名簿はどうやらさまざまな業者の間では高値で取引されているという噂もあります。

業者は「売ってなんぼ」ですから、「買ってくれそうな人」に的を絞って営業を仕掛けてきます。その点教師は彼らにとって絶好のターゲットなのです。

高属性で世間知らず＝教師

今まで紹介したように、業者の間では教師は高属性であることは常識です。公務員の中でもさらに金融機関の評価は高いようです。ですからもし他に借入がなければ、たいていの金融機関で不動産購入のための融資は通ります。

と言うことは、業者にとって見たら教師は成約する確率が高い「カモ」なのです。なぜ「カモ」かと言えば、コスト感覚や金銭感覚、ましてやCFや減価償却など不動産経営に関して教師はズブの素人ですから、彼らの巧みな「営業トーク」に巻き込みやすいターゲットだからです。

最初は「自己年金をつくりませんか」から始まるワンルームマンション営業

私も今まで何回もテレアポを受けたことがありますが、彼らの多くは新築ワンルームマンションを売る業者です。

でも最初はマンションのマの字も口にしません。決まり文句は、「有利な自己年金をご紹介しています」とか「生命保険代わりにもなり、将来安定した収入が得られる商品のご紹介です」などの切り口で語りかけてきます。

「今学校の近くまで来ているので、ごあいさつさせてください」といって乗り込んでくることもあります。

若くて世間知らずの教師は、彼らの手口にはまってセールスに会ってしまったばっかりに、断りきれずに契約してしまった教師もいます。

新築ワンルームは「買ってはいけない！」

都内でも、新築のワンルームマンションであれば今でも2，０００万円程度で購入することができます。教師であればほぼ間違いなくローンは組めますし、買うことは簡単です。しかしこの2，０００万円にはすでにたっぷりと開発会社や販売会社の利益が乗っているのです。ですからおそらく毎月の家賃収入から、ローンの返済を引くとせいぜい2～３万円のプラスか、ひどいケースでは最初から収入がマイナスになる物件もあります。

これで毎年の固定資産税・都市計画税を払えば完全に収支はマイナスです。これでは「経営」とは言えません。

営業トークはウソではないが、利益の出ない物件をすすめる方便

しかし彼らは「毎月のＣＦが０と言うことは、タダで物件が手に入ったことですよ」とか「持ち続けていれば生命保険代わりになります」とか「借入金返済後は、毎月家賃収入が得られます」などの営業トークで購入者を安心させようとします。

それらはうそではないにしろ、決して購入者に利益をもたらす存在ではないということです。

そもそもＣＦが出ないような物件は買ってはいけないのです。

業者は売った瞬間に利益確定、購入者は買った瞬間に損失確定

また彼らは「売った瞬間に利益確定」です。土地の仕入、建設、販売、の各段階でたっぷりとマージンを得ているからです。

ですから、彼らはその後そのマンションの維持管理にはほとんど興味はありません。空室が出ようが修繕が発生しようが、それは「所有者」が考える問題、というわけです。

そして退去が発生しても、積極的に客づけすることはありません。購入者が空室にたまりかねてサブリース契約を結ぶように仕組まれています。そして数年後に、サブリース契約にのっとって家賃減額を打ち出してきます。物件価格も年々下がっていくので、所有者は「売れば赤字になる」と気がついても「売るに売れない」状態に追い込まれていくのです。まさに業者だけが儲かる仕組みが、都心の新築ワンルームなのです。

融資がつくから買うのではなく、CFが出て安定経営ができるから買う

新築ワンルーム販売業者の「カモ」にならないためにも、私たちはしっかり物件を見極める目を持たなければなりません。

まず心に刻んでほしいのが「フルローンが出るから買う」のではなく、「毎月しっかりとCFが出て、安定経営ができるから買う」と言うことです。同じワンルームでも新築ではなく、ある程度値が下がって落ち着いてきた中古は検討に値するものもあります。

しかしワンルームは退去が発生すれば一気に収入は０になります。そのリスクを考えると、リスクを減らすためには、複数室所有するか、さもなければ１棟アパートやマンションを所有するほうがリスクを下げることができます。

中古アパートは検討に値する

その点中古のアパートであれば、立地さえ良ければ安定経営が可能です。新築に比べれば値段もこなれていて利回りも高くなります。しかも家賃は物件の値段ほどは下がりません。しかもすでに入居者がいるので、購入したその月から家賃収入が得られます。

物件の管理状態やレントロール（家賃明細）修繕履歴などを取り寄せて、その物件の現状をしっかり見極めましょう。

次に、その物件を仮に5年とか10年所有した際の、収入と返済をきっちりシミュレーションして、毎年の手残りがいくらなのか計算します。

そして最後に物件を売却したときの利益までしっかりと計算して、所有して黒字、出口でもしっかり利益が出る物件を見極めてください。不動産は買った瞬間にほぼその後の利益や損失が見通せます。

何回か物件情報を取り寄せて、シミュレーションすることを繰り返して、物件を見る目を養っていきましょう。

3つの数字を意識しよう

まずはCFです。取り寄せたRRを見て、家賃収入からローンの返済と諸経費を引いて、真水の利益を調べます。空室率も考慮しましょう（10〜15％）。これで物件の「稼ぐ力」がわかります。

次に物件の積算評価です。土地値は相続税路線価に㎡数をかけた額で変わりませんが、建物は構造と残耐用年数で毎年減価償却分だけ価値が下がっていきます。1年ごとに積算評価がどのように下がっていくか計算します。

最後に残債の内、元金がいくらなのか調べます。これにはカシオの「ke!san」というサイトが便利です（http://keisan.casio.jp/）。借入金額、金利、返済期間を入力すれば月ごとの返済額だけでなく、元金分と利息分の内訳も調べることができます。

これで元金の減少分を1年ごとに調べることで、積算評価 ＞ 元金残高 となるタイミングを知ることができます。

元利均等で融資を受けると最初の内は利息の返済が多く、元金はなかなか減りません。でもこのように元金の残高をしっかり把握しておくことで、出口 ＝ 売却の時期をある程度見通すことができます。

仮にCFが出ていたとしても、積算評価 ＜ 元金残高では売却時に手出しになってしまうからです。この状態では金融機関の評価も下がる可能性があります。できるだけ早い時期に、積算評価 ＞ 元金残高 となるような借り方をすることが大切なのです。

第5章

教師の賃貸経営の11の極意（運営管理、教師との両立などノウハウ）

1　賃貸経営は「社会貢献事業」として取り組みなさい！

生活の基盤を提供する

さて、皆さんが賃貸経営にチャレンジする目的は何でしょう。もちろん家賃収入を得て、利益を上げたいということは動機としてあるとは思いますが、果たしてそれだけなのでしょうか？

昔から人間の生活の基礎は衣・食・住といわれていますが、住はまさに生活の基盤となります。つまり不動産経営を行うということは、入居者の皆様に快適な住環境を適正な価格で提供しているということなのです。これは紛れもない多くの人々に生活の基盤を与えているという点で、立派な社会貢献事業です。

納税を通して社会貢献を行う

また、不動産経営で利益を得たならば、当然のことながら所得税を納めます。利益が上がれば上がるほど、その納税額は増え、納めた税金は公共サービスを通じて社会に還元されていきます。

大局的に考えれば、不動産経営を行うことは、納めた税金を通じて社会に役立つ、立派な社会貢献活動と考えることができます。

事業として快適な生活空間を提供することで社会貢献ができるなんてすばらしいですよね。

社会的弱者の生活を支える

高齢者や生活困窮者など、物件を借りる際に不利とされる人々への賃貸経営も見逃すことができないテーマです。こうした方たちすべてが公共住宅に入居できれば問題はありませんが、そうでなければ民間の住宅に入居することになります。

物件を借りるのに不利な人々に対して、積極的に門戸を開くことも、社会貢献といえるでしょう。ただし、このような形で社会貢献を行う際に、注意すべきことがあります。それは、必ず専門家と連携を図って行うということです。

単身高齢者は「孤独死」のリスクが高くなります。また、生活困窮者は、家賃の滞納、突然の失踪といったリスクも考えられます。オーナーが1人でこのような問題に対処するのは非現実的です。地元の社会福祉協議会、ＮＰＯ団体などと連携を図りながら、社会貢献活動をフォローする体制を適切に整えていく必要があるでしょう。

入居者の満足度を上げることで地域の活性化を図る

最近ではシェアハウスとして物件を貸し出すオーナーも増えています。たとえ駅から少々離れた物件でも、防音設備を備えた音楽好きや音楽専攻の学生が集まるアパートもありますし、シングルマザー向けのアパート、犬・猫などのペットが飼えるアパートなど、特徴のあるコンセプトを持たせて、趣味や気の合った住人同士の交流が図れるようにし、入居者の満足度と稼働率を上げることに成功しているオーナーも少なくありません。

「入居者に喜ばれることは何か」ということを考え、工夫し、実行していくことが、長期的な収益につながりますし、地域の活性化や住人同士のコミュニティーの形成に貢献しているのです。

2 現職中は副業規定に反するか

公務員の副業は禁止・・・？

公務員は国家公務員、地方公務員に分類されますが、いずれも「副業」は法の定めによって原則禁止されています。

しかし、国家公務員の不動産投資は自営にあたる基準が設けられ、許可なくできるケースもあります。また、地方公務員の場合には、自治体によるルールの違いに注意が必要です。

国家公務員法の規定は・・・？

国家公務員は国家公務員法によって、原則として副業が禁止されています。国家公務員の副業禁止に関して規定しているのは、国家公務員法の第１０３条と第１０４条です。

第１０３条で国家公務員の営利企業への就職や自営が禁止され、所轄庁の長の申し出による人事院の許可が得られる場合のみ認められています。

第１０４条では非営利企業で報酬を得て働くことも禁止され、非営利企業の職務を担うには、所轄庁の長と内閣総理大臣の許可が必要です。

一定の規模までは、副業は認められている

国家公務員は営利企業への就職のほかに、自営も禁止されていますが、農業と不動産賃貸業、太陽光発電は、人事院規則14―8の第一項関係で自営に該当する一定の規模が決められています。

つまり、農業と不動産賃貸業、太陽光発電の売電に限っては、一定の規模までの事業であれば、国家公務員でも許可なく副業として営めるのです。

国家公務員の不動産投資は「5室10棟未満」は許可が不要

人事院規則では、国家公務員が不動産賃貸業を行う場合に、自営にあたる事業規模については、詳細な規定が設けられています。

自営とみなされるのは、一戸建てなど独立家屋の場合は5棟以上、アパートやマンションなど独立的に区画されている場合は10室以上の規模で不動産賃貸業を営んでいるケースです。

また、１年間の賃料収入が５００万円以上の場合は、自営と扱われます。

しかし中には親から不動産を相続してしまう人もいるでしょうし、配偶者がもともと所有している人もいるでしょう。基本的には届を出して許可を受ければ大丈夫です。

規模が大きくなれば許可が必要

言い換えれば、国家公務員は、「5棟10室未満」で「年間の賃料収入500万円未満」の規模で不動産賃貸業を営む不動産投資は、許可を得ることなくできるのです。ただし、どちらかの基準でも超えると自営とみなされます。

例えば、マンションを4室所有し、月額家賃12万円、年間の賃料収入576万円というケースは、10室未満の基準はクリアしていても、年間の賃料収入が500万円を超えるため、自営に該当します。

また、職務専念の義務に違反しないように、賃貸管理業務は必ず管理会社に委託しましょう。

地方公務員の不動産投資は許可が必要

地方公務員も地方公務員法によって、原則として副業が禁止されています。地方公務員法第38条では、地方公務員が営利企業へ就職することや自営を行うことが禁止され、任命権者の許可を得た場合のみ認められています。任命権者とは、都道府県知事や市区町村長などの地方自治体の長、地方議会の議長、教育委員会、消防長などです。

地方公務員は、地方公務員法の定めがある

また、地方公務員も「信用失墜行為の禁止」と「職務上知った秘密の守秘義務」、「職務専念の義

務」といった服務規程が、地方公務員法で設けられています。

副業の内容によっては、副業禁止に抵触するだけではなく、服務規程にも違反することになります。

地方公務員の規定は自治体による

地方公務員の場合は、不動産賃貸業に関しては、国家公務員に準じていることが多いですが、自治体ごとに独自のルールが決められています。

地方自治体によっては、アパートや駐車場を不特定多数に貸す場合には、規模に関わらず自営にあたり、許可が必要です。あるいは、自営の規模などに特段の基準が設けられていないため、農業や太陽光発電、不動産賃貸業のいずれでも規模を問わず、許可を必要とする自治体もあります。

まずは、自治体ごとのルールを確認しよう

地方公務員が、不動産投資として不動産賃貸業を始めるときには、あらかじめ自治体で設けられているルールを確認することが大切です。公務員の不動産投資に関する情報で、「５棟10室未満」で「賃料収入５００万円未満」は、副業の許可は不要と書かれているケースもありますが、該当するのは国家公務員と国家公務員の規定に準じた自治体で働く地方公務員です。

自治体によっては、相続によって小規模な農業や不動産賃貸業を営んでいる場合でも、許可が必

〔図表26　自営兼業許可申請書〕

別記様式2

自営兼業許可申請書(不動産等賃貸関係)

1　兼業者			
所　　属		本務職務内容	
職　　名			
氏　　名			

2　兼業先		
賃貸する不動産等	建　物	(独立家屋)　棟　延べ床面積　m^2 (マンション等)　室　延べ床面積　m^2 所在地
	土　地	貸付件数　件　面積合計　m^2 用途　所在地
	駐車場	駐車台数　台　設備の有無　有□　無□ 所在地
	その他	(娯楽集会、遊技等のための設備を設けた不動産) 種類　件数・規模 所在地 (旅館、ホテル等特定の業務の用に供する建物) 種類　件数・規模 所在地
賃貸料収入の予定年額	合　計	円
	建　物	(独立家屋)　円 (マンション等)　円
	土　地	円
	駐車場	円
	その他	円
不動産又は駐車場の賃貸に係る管理業務の方法		

3　学校職員の職と許可に係る不動産又は駐車場の賃貸との間の特別な利害関係の有無
4　学校職員の職務の遂行への支障の有無
5　その他の公務の公正性及び信頼性の確保への支障の有無
6　所属長意見（本務への影響等について記すこと。）
東京都教育委員会教育長　殿 上記のとおり兼業したいので申請いたします。 年　月　日 氏名　　　　　印

（注）各欄に記入しきれない場合には、別の用紙に記入して添付するものとする。

要なケースもあります。副業が原因で公務員の職を失うことになったら本末転倒ですので、地方公務員の場合は自治体のルールを調べましょう。

ここでは、ある自治体の兼業届の書式を示します（図表26）。必要に応じて届を提出し、許可を得たうえで不動産経営を行いましょう。もちろん職務に専念することは、大前提です。

職務に専念する

公務員であれば、就業時間中は当然職務に専念する義務を負っています。就業時間中は一切不動産経営に関わることはせず、職務に専念することが大切です。不動産管理会社には、勤務時間中には基本的には連絡が取れないことを伝えて、急ぎの要件があるときは昼休みにやり取りをするようにします。

どうしても平日の日中に手続をしなければいけないことが発生した場合には、職務に支障のない日を選んで有給休暇を取得して対応しましょう。

副業の話をしない

副業として不動産経営をしていること自体を隠す必要はありませんが、不動産経営の話をすることで、話に尾ひれがついて、根も葉もない噂が立つことが危惧されます。

昼休みなどに不動産経営の話ばかりをしていては、「勤務中にも不動産賃貸管理会社とやり取りをしているのでは？」と、周囲の人に疑念を持たれやすいです。

会社員でも、規定に抵触して職を失うことがある

公務員ではありませんが、私の知人の中には、勤務時間中に業者から会社宛に送られてきた物件情報のＦＡＸを同僚に見られて、その同僚が上司に報告したことで、会社を免職になったケースがあります。

職場では不動産経営の話はなるべくしないように心掛けて、同僚などに聞かれることがあっても、質問に答える程度にとどめたほうが賢明です。

確定申告で「普通徴収」にすれば大丈夫

不動産経営を行っていると、不動産収入があるため、確定申告をする義務があります。住民税は前年の所得をもとに翌年に支払う方法がとられ、住民税の支払方法には特別徴収と普通徴収があります。

特別徴収は給与から毎月天引きされ、勤務先から都道府県や市区町村に支払うものです。

普通徴収の場合は送付される納付書を使って、年４回に分けて自分で役所や金融機関の窓口で支払います。

特別徴収でも普通徴収でも、住民税として徴収される額には違いはありません。公務員や会社員

は、原則として給与から天引きされる特別徴収で、住民税を支払います。

不動産所得は確定申告を行い、自分で納税しよう

住民税は総所得に対して課税されますので、副業をしている場合、住民税の支払額が本業の給与収入だけの場合よりも増えます。

そのため、副業をしていると、公務員としての給与に対する特別徴収額との差異で、副業が疑われることになってしまうのです。

そこで、確定申告の際に、給与所得や年金収入以外の所得に対する住民税の支払方法は普通領収を選ぶと、公務員として給与は特別徴収のまま、不動産所得分の住民税は自分で別に払うことができます。

家族名義なら不動産投資の許可は不要

家族名義で所有する物件の不動産投資は、事業規模に関わらず、副業の許可は不要です。ただし、家族名義であっても、公務員本人が実質的に不動産賃貸業を担っている場合は、国家公務員の基準で「5棟10室」、または、「年間の賃料収入500万円」を超える場合は、副業の許可が必要なことは変わりません。

人事院規則では、名義が他人であっても実質的に公務員本人が営んでいる場合も、副業禁止の規

定に抵触することが規定されています。

家族名義での法人化の注意点とは

家族名義での不動産投資には、法人化という方法もあります。公務員が法人の代表者や役員になると副業禁止の規定に抵触しますので、配偶者などの家族を株式会社の代表取締役にし、公務員本人が１００％出資するやり方です。

収入のない配偶者を法人の代表取締役などの役員にして、役員報酬を支払うと、基礎控除と給与所得控除で１０３万円までは無税にできることがメリットです。しかし家族名義で法人化をした場合も、公務員本人が関わる場合には副業禁止に抵触する恐れがあること、また、公務員本人が報酬を得ないことなどに注意が必要です。

ルールを守って、堂々と不動産経営をしよう

国や地方自治体のルールに則って、副業の許可が必要であれば申請することで、許可が得られれば、公務員も問題なく不動産経営ができます。不動産経営で許可が必要な基準を把握し、適切に申請するようにしましょう。

私はこっそりと不動産経営を行うよりは、むしろしっかりと副業申請を行い、堂々と不動産経営を行うほうがよいと思っています。

3　不動産経営にまつわる税金いろいろ

不動産経営は、税金との戦い・・・？

不動産の取引にはさまざまな経費や税金が発生します。購入前からしっかりと必要経費を知った上で資金計画を立てる必要があります。

Ａ：不動産を購入するとき、Ｂ：賃貸経営を行っていくとき、Ｃ：不動産を売却するとき、そして、Ｄ：相続時にどのような税金がかかるか、事前に把握しておきましょう。

不動産を購入するときにかかる税金

不動産を購入するときにかかる税金には、次のものがあります。

①契約書の印紙税
②登録免許税
③不動産取得税
④消費税、

それぞれの税額を示しておきます。

①印紙税

〔図表 27　印紙税額〕

記載金額	印紙税額
５００万円超　１０００万円以下	１万円
１０００万円超　５０００万円以下	２万円
５０００万円超　１億円以下	６万円
１億円超　５億円以下	１０万円
５億円超　１０億円以下	２０万円

①契約書の印紙税は、契約書に記載された金額に応じて課される税金です。定められた金額の印紙を貼付することで納税します。（図表27）

②登録免許税

②登録免許税は不動産の所有権の登記に必要な税金です。登録免許税は以下の算式により求められます。

登録免許税　＝　固定資産税評価額　×　税率（２％）

固定資産税評価額は各自治体に問い合わせればわかります。また、住宅の種類や広さ、構造などによってさまざまな軽減税率がありますので、詳しくは税理士に問い合わせてください。

③不動産取得税

③不動産取得税は、売買等により不動産を取得した際に課される地方税です。次の算式により求められます。

不動産取得税＝固定資産税評価額×税率（4％）

こちらも土地や建物の種類や広さによって、様々な軽減税率が適用されます。

④消費税

④消費税は課税事業者から物品やサービスを購入するときに課される税金で現在は税率8％ですが2019年10月1日より10％に引き上げられる予定です。

不動産会社は課税事業者なので、仲介を依頼して購入する住宅や建築請負代金には消費税が課税されます。

また仲介業者に支払う仲介手数料にも消費税が課税されます。ただ、土地には消費税は課税されません。

これらすべての税金を合計すると、一般的には物件代金の7～8％程度になることが多いようです。ですから、物件の購入を計画する際には、本体価格以外の税金や経費を見込んでおく必要があります。

1億円の物件を購入する場合は700万円～800万円の経費がかかりますので、それを見込んで資金計画を立てましょう。

また自己資金が足りないときは、金融機関からフルローンではなくオーバーローンが引けるかどうかも検討するとよいでしょう。

もしオーバーローンが引ければ購入時に自己資金を温存することができます（当然返済は増えま

すが）。

賃貸経営を行っている間

無事に購入ができれば、いよいよ賃貸経営の始まりです。経営中に発生する税金には以下のようなものがあります。

①固定資産税・都市計画税

②所得税

③事業税（個人事業主の場合のみ）

①固定資産税・都市計画税

①固定資産税・都市計画税（固都税）は次の算式により求められます。

固定資産税　＝　固定資産税評価額　×　税率

税率は全国一律ではなく、１・４％から２・１％の範囲で、各自治体が条例で設定することができます。評価額と税率は、各地域の税務署で確認することができます。

都市計画税　＝　固定資産税評価額　×　税率

こちらも全国一律ではなく、０・３％を上限として各自地帯が条例で設定することができます。

また自治体により、税率や軽減率などが異なる場合があるので、正確な情報は各自治体の問い合わせをすることをおすすめします。

〔図表 28　所得税額の計算例〕

所得金額		課税所得金額	
	給与所得 800 万円		所得金額 1,200 万円
＋	不動産所得 400 万円	－	所得控除額 100 万円
	1,200 万円		1,100 万円

課税所得金額		税率		控除額		所得金額
1,100 万円	×	33%	－	153.6 万円	＝	209.4 万円

〔図表 29　税率と控除額〕

課税される所得金額		税率	控除額
	195 万円以下	5%	0 円
195 万円を超え	330 万円以下	10%	97,500 円
330 万円を超え	695 万円以下	20%	427,500 円
695 万円を超え	900 万円以下	23%	636,000 円
900 万円を超え	1,800 万円以下	33%	1,536,000 円
	1,800 万円超え	40%	2,796,000 円

なお、評価額に関しても毎年変動することがあるので、正確な税額が知りたい場合は、各地域の税務署に問い合わせをしておきましょう。

②所得税

②所得税は、不動産を賃貸したことにより、所得が発生した場合にその所得が所得税の対称になります。ただし、その年の所得税額は、不動産所得と給与所得等の他の所得を合算して、確定申告により算出します。

教師は公務員なので給与所得だけであれば職場の年末調整で終わっていたと思いますが、不動産所得が発生した場合は、必ず自分で確定申告をする必要があります（本来日本は申告納税の国なので、自分で税額を計算して自分で納税するのが当たり前なのですが、年末調整でお上に天引きされているのです）。

所得税額は、次の算式により求められます。

所得税額＝課税所得金額×税率－控除額

ここで、課税所得金額とは、所得金額－所得控除額　のことです。サラリーマンの場合、給与所得は源泉徴収表の「給与所得控除後の金額」を指します。この「給与所得控除後の金額」に不動産所得を加えたものが「所得金額」です。「所得金額」から扶養控除や、配偶者控除など各種の控除を引いた金額が「課税所得金額」です。この「課税所得金額」に決められた税率を掛け、さらに控除額を引いたものが「所得税額」となります。（図表28、29）

〔図表 30　所有期間の求め方〕

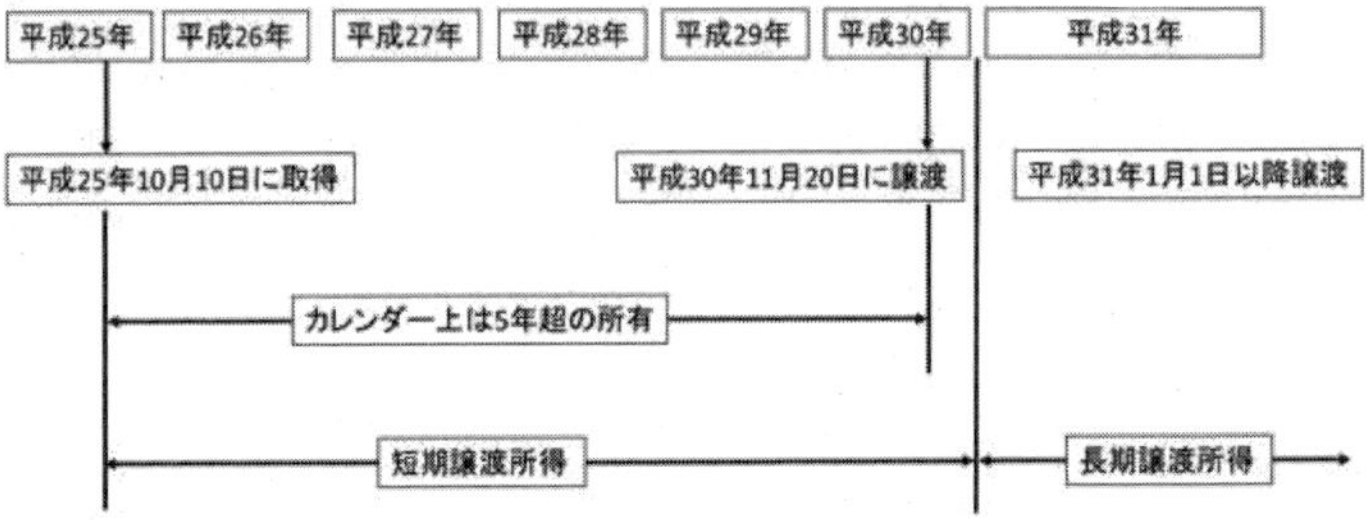

例:平成25年10月10日に購入した不動産を平成30年11月20日に譲渡した場合

平成30年11月20日時点で保有期間が満5年を超えているので「長期譲渡所得」⇒誤り
平成30年1月1日時点で保有期間が満5年を超えていないので「短期譲渡所得」⇒正解
※この場合は平成31年1月1日以降に譲渡した場合に「長期譲渡所得」となる。

さらに個人経営には、所得に対して10%の住民税がかかります。

事業税については、個人事業主でなければ関係ありません。

不動産を売却するとき

賃貸経営を続けて、最後に物件を売却するときに発生する税金には次のものがあります。

①契約書の印紙税
②売却益にかかる所得税

ただし所得税は売却により利益が出た場合には課税されますが、売却で損失が発生した場合には課税されません。

①印紙税

①契約書の印紙税は、購入の場合と同じなので、そちら（図表27）を参照してください。

②所得税

②売却益にかかる所得税は、申告分離課税と呼ばれ、他の所得と合計せずに分離して税額を計算し確定申告によりその税金を納めます。では売却益（譲渡所得）にかかる税金の計算方法を見てみましょう。

まず、売却した不動産を所有していた期間によって、短期譲渡と長期譲渡に区別され、税率が違います。所有期間が5年以下の土地建物に対しては、「短期譲渡所得」5年を超える土地建物に対しては「長期譲渡所得」となり、「短期譲渡所得」と判定された場合は39・６３％（所得税30・６３%、住民税９%）が課税されます。一方「長期譲渡所得」と判定された場合は20・３１５％（所得税15・３１５%、住民税５%）が課税されます。

所有期間の算出は独特な方法なので、注意が必要

ここで注意が必要なのは、この所有期間が実際に保有していた期間ではなく、譲渡した年の１月１日現在で何年経過しているかで求めるということです。（図表30）

４　賃貸経営の税務は税理士に相談すべきか

最初は自分で確定申告してみよう

前節で述べたように、不動産経営を行う場合、購入・所有・売却、それぞれの段階で税金が発生します。

　購入時の税金は、印紙税・登録免許税などは契約書に明記されていますので、それにしたがって手続をすれば問題なく終わります。

　また不動産取得税は取得の半年～1年後ころに都道府県納税事務所から納付通知書が送られてきますので、その通知書に記載された税額を金融機関で納付すれば終わりです。ですから、購入時には特に税理士等の専門家に依頼しなくても、納税することは可能です（取得税は、忘れた頃にやってきますので、あらかじめ資金計画に盛り込んで、用意しておきましょう）。


固定資産税・都市計画税は納付書が送られてくる

　不動産保有中の税金も、固定資産税・都市計画税は、4期に分けて納付書が送付されますので、その税額を金融機関で納付します。

　一番悩むのが所得税です。

　これは給与所得などのほかの収入と合算して総所得金額を求め、この金額について税額を計算し、確定申告により納税する必要があります。もし不動産経営が赤字（損失）の場合は、その分納税額も減りますので、いったん勤務先から12月に年末調整で天引きされた税金が、確定申告することにより一部還付されることになります。

　いずれにせよ、確定申告は必ず行わなければなりませんので、1月になったら納税の準備を行います。

初年度は税務署に行って申告書を手に入れるところから始まります。いったん確定申告を行えば、翌年からは申告書は自宅に郵送されてきます。

確定申告は必ず行わなければならない

確定申告書の作成方法については、国税庁のＨＰでも詳しく紹介されていますし、最近ではｅ－ＴＡＸといった電子納税システムもありますので、とりあえず自分で作成してみましょう。フローチャートに従って数字を入れていけば、勝手に計算されますので、チャレンジしてみましょう。

しかし、物件が増えてきたら手間も増えるので、税理士に依頼することをおすすめします。

物件が増えてきたら、税理士に依頼することも考えよう

ワンルームの区分所有などでは、入力の手間もさほどかかりませんが、１棟物の物件を所有した場合などは、部屋数分の入力が必要になってきますので、事務作業が煩雑になり、時間もかかります。これをすべて自分でやることも可能ではありますが、何せ皆さん多忙な教師ですから、たとえ土日でもそんなに時間を避けるものではありません。この段階では税理士に依頼するのが賢明だと思います。

不動産経営の長所は、仕事を外部委託（アウトソーシング）できる点です。餅は餅屋ではありま

せんが、専門家の力を借りられる部分はしっかりと活用し、オーナーの手間を省くことが業務効率の改善につながります。

1棟物の物件を所有したらぜひ税理士に依頼することを考えましょう。物権の規模にもよりますが、税理士報酬は月5，000円程度からになります。かかる労力を考えれば安い金額だと思います。

事業的規模に達したら、青色申告を行おう

確定申告には、不動産経営が事業として行われているかどうかによって、2種類の申告方法があります。

まず事業的規模に満たない場合（多くの場合はこちらに該当します）は、「白色申告」となり、こちらは申告書類も少なく、個人でも十分作成が可能ですし、国税庁のHP上で作成、提出することもできます。

しかし後述しますが、作成が簡単な分、もう一方の「青色申告」に比べて、税務上得られるメリットが少ないとも言えます。

事業的規模、はどの程度を指しているのか

一方で、不動産経営が「事業的規模」とみなされる場合は、「青色申告」を選択します。では、どのような状態が「事業的規模」とみなされるのでしょうか。

国税庁によると、不動産の貸付が次のいずれかの基準に当てはまれば、原則として事業として行われているものとして取り扱うことになっています。

①　貸間、アパート等については、貸与することのできる独立した室数がおおむね10室以上であること、

②　独立家屋の貸付については、おおむね5棟以上であること、

つまりワンルーム2室と1棟8部屋の木造アパートを所有していれば「事業的規模」とみなされる、ということなのです。

「青色申告」のメリットとは

では、事業的規模に達して「青色申告」をするメリットにはどのようなものがあるのでしょうか？

この点に関しては、大体3つのメリットが知られています。

①青色申告特別控除が使える。（最高65万円）

この控除枠を使うことにより、利益を65万円減らすことができ、その分税金を節税することができます。

②赤字が繰り越せる。（最大3年間）

この制度を利用すれば、例えば3年前20万円の赤字、2年前20万円の赤字、昨年10万円の赤字だったとして、今年60万円の黒字でも、過去3年分の赤字合計50万円を相殺できるので、差し引き10万

円分を申告すればよいことになります。

③家族への給与を経費として計上できる。

不動産経営を手伝ってくれる家族に給料を支払った場合、その金額を経費として控除できるのです。ただし、給料を支払うことのできる家族は、次の条件を満たしている必要があります。

・青色申告者と生計を共にしている配偶者もしくは家族
・その年の12月31日時点で年齢が15歳以上であること
・青色申告者の営む事業にもっぱら従事していること
・「青色事業専従者給与に関する届出書」を所轄税務署長に提出していること
（提出期限は、青色事業専従者給与額を参入しようとする年の3月15日まで）

つまり、同じ家に住んでいて生計を共にしている。または別居していても、生活費などを一緒にしている必要があります。また「もっぱら従事している」と言うのは、その年の半年よりも多く事業に従事しているということです。

事業的規模で青色申告するには税理士に任せよう

事業的規模に達して、青色申告を行い、そのメリットを受けようと思うと、複式簿記による帳簿を整えなければなりません。

会計ソフトなどを使えばできなくはありませんが、多忙な教師の皆さんは、とにかく外注できる業務は極力外注して負担軽減を図る必要があります。そのためぜひ税理士に依頼して適正に申告することを考えてください。

5　オーナーとしてどこまでの空室に耐えられるのかを知るべし

空室は避けては通れないが・・・

不動産経営を続けていれば、定期的に空室は発生します。当然空室が続けば予定していた家賃収入が得られないので、損失が拡大します。

オーナーとして安定経営を目指すためには、避けられない空室期間をどれだけ短くできるか、と言う点が重要です。また年間を通しての住み替え需要には、波があります。

2月・3月は不動産業の繁忙期

一般に4月の新学期を控えた2月、3月は住み替え需要は高く、比較的空室が埋まりやすい時期といわれています。

不動産屋への来客数や、不動産検索サイトのヒット数は大体12月後半から来客数が増え始め、1月~2月に掛けて忙しくなり、多くの人は3月に引越しを希望しています。

また、特定の企業に勤める人が多く入居している物件では、その企業の人事異動に合わせて人の出入りが増えるということもよくある話です。ですから自分の所有している物件の特性を理解したうえで、早めに対策を立てておきましょう。

管理会社との関係づくりは大切

入居づけを行ってくれるのは、管理会社です。そのため管理会社との関係は大切です。日常的に連絡を取り、もし次に空室が発生したときの対応をあらかじめ相談して決めておくとよいでしょう。退去が発生した場合には、大なり小なり現状復帰のための工事やリフォームが必要になります。

あらかじめ、管理会社の判断で行える工事金額を伝えておく

できるだけ速やかに現状復帰を終えて次の募集を行うためにも、例えば「10万円以内で収まる工事については、いちいちオーナーに報告しなくても、担当者の判断で行える」と言う取り決めをしておけば、退去後にすぐに現状復帰工事に取り掛かることができて、結果として空室期間が短縮できます。

募集プランは複数要しておいて、入居希望者に選んでもらう

また募集プランについても、1つだけでなく、入居希望者のニーズに合わせて複数のプランを用意しておくとよいでしょう。例えば、基本プランが「家賃50，000円、共益費3，000円」

だとすれば、もし敷金2か月分を入れてくれれば、家賃を４７，０００円にします、というプランもありです。

この場合は33か月以上入居すれば、トータルで入居者負担が減ることになるので、３年以上の入居を考えている人にはヒットしそうですね。

入居者が喜ぶプレゼントを用意する方法は有効

また物件の立地が駅まで自転車が必要なところでは、「入居を決めてくれたら、自転車をプレゼントします」という条件もありです。「損して得取れ」ではないですが、入居者が喜ぶ付加価値を提供することで、早い入居を促すほうが結果的に空室期間が短くなり収益アップにつながります。

このあたりの条件設定は、その地域の状況を良く知っている仲介業者の担当者とよく相談して決めておくことが大切です。

インセンティブは特効薬

早く入居付けを行うためには、入居を決めてくれた担当者にボーナスを出す、という技もあります。彼らは入居希望者が来たときに、紹介する順番が決まっています。

その順番を優先的に引き上げてもらうために、「もし入居を決めてくれたら、あなたに3万円直接お支払いします」と言っておけば、担当者もあなたの物件に優先的に入居希望者を案内してくれるでしょう。

入居が決まる確立がぐっとアップしますね。担当者も人の子ですから、入居づけに対するモチベーションを上げさせることも大切なのです。

不動産経営の収支シミュレーションを立てておこう

不動産の収支を考える上で、基本となるのが毎月の収支一覧表（レントロール）です。どの部屋の家賃と共益費がいくら入金されたか、これが収入のすべてです。

次に大切なのが、金融機関から送られてくるローンの返済予定表です。これが大きな支出になります。

それ以外に支出としては「管理費」「広告宣伝費」「清掃費」「インターネット使用量」「光熱水費（公共部）」などです。収入と支出とがわかれば毎月の利益がわかります。

空室が出た場合のシミュレーションをしておこう

次に空室が出た場合の損益をシミュレーションしておきましょう。もし8室のアパートを所有しているとすれば、
①満室の場合
②1室空室の場合

③2室空室の場合、

等いくつかのパターンで損益を計算しておくことで、「1室空室ではＣＦが出ているけれど、もし2室空室になるとほぼ収支が０になる。３室空室だと手出しになるぞ」という見当がつけられます。

空室率と入居率の違いを知っておこう

よくマイソクなどに仲介業者が物件情報を乗せる際に「空室率○○％」などと表記しますが、この数字の意味を理解しておく必要があります。

空室率は（空室部屋）／（総戸数）なので、もし仮に8月1日に退去が発生し、9月30日に次の入居者が決まった場合、8月は1日だけですが入居実績があり、9月も1日だけ入居実績があるため、毎月入居があるとみなされて、見かけの空室率は０になります。

空室率、は正しい入居期間を反映していない

しかし実際には8月9月の2か月間はほぼ空室だったわけで、家賃も入ってきません。そこで入居を正しく評価するには、一年間で何日間入居者がいたか「平均入居率」で評価する必要があります。

平均入居率＝（年間入居日数）／３６５日×１００（％）なので、実際の入居を正しく評価することができます。自分の物件の平均入居率を計算しておきましょう。

6　物件の立地だけは変えられない

利回り向上のために打てる手は・・・？

不動産経営を続けていく上で、さまざまな見直し行うことで、利回りの向上を図ることができます。むしろ何も手を打たなければ築年数と共に、物件は老朽化し、家賃も緩やかに下落していくのが普通です。

その下落幅を最小限にとどめ、場合によっては家賃のアップができるよう、物件の価値を見直していく必要があります。

利回り向上のために打てる手立ては大きく分けると2つあります。

1つは金融機関との借入に関する交渉、もう1つは物件の家賃設定の変更です。

金融機関と交渉しよう

物件購入の際にはローンを組んで購入するのが一般的です。

その際には借入金利、および借入期間を決めて融資を受けるのですが、金融機関によっては条件の交渉が可能です。交渉のテーマは、

①金利交渉、

②借り換え交渉、です。

①金利交渉とは

文字通り、当初契約した金利を下げてもらえるように金融機関に相談することです。何でも交渉すれば簡単に認められるものではありません。なぜ金利を下げてほしいのか、それなりの根拠が必要です。例えば、「今他の金融機関から借り換えのオファーを受けている。他行の金利の方が現在の借入金利より低いので借り替えを検討している。

しかしせっかく物件に融資をつけてくれた御行とのご縁を大切に思っているので、できればこのまま継続して融資をお願いしたいのだが、他行が提示している金利まで下げていただけませんか？」と言う具合に、「できるだけ今の融資を続けたいのですが・・・」という態度で交渉に臨むことが大切です。

借り換えを行うと、その金融機関からの融資は閉ざされるかもしれない

一度借り換えをしてしまうと、二度と同じ金融機関から融資を出してもらえなかったり、出してもらえたとしても、一般より高い金利を要求されたりするので、そこは状況を見極めて交渉しましょう。

また、金利交渉を受け入れてもらうためには、銀行側にとっても「たとえ金利を下げてでも、この顧客をつなぎとめておきたい！」と担当者に思わせる必要があります。

金利交渉には銀行に「この顧客を離したくない」と思わせることが大切

私はＳＲ銀行で当初4・5％で借りたアパートローンを交渉で2・9％まで下げてもらった経験があります。その際に私はやせ我慢して、毎月給与振込みの一部をＳＲ銀行に2年間積み立てました。もちろん家賃にも一切手をつけず、2年間かけて「この顧客は家賃収入がなくても十分生活が成り立っている」という「実績」をつくってから交渉しました。

実はこのとき、他行からの借り換えのオファーなどなく、完全なハッタリだったのですが、交渉は通り、金利が下がりました。でも「では他行での借り換えの根拠を出してください」と言われたらダメだったかもしれません。担当者がそこまで突っ込んでこなかったことが幸いでした。

②借り換えとは

文字通り、他行でローンを引きなおして、現在の借入先に一括返済することです。一般的には金利差が1％以上あり、返済期間が10年以上残っている場合は、借り替えたほうが総返済額は減る、と言われています。

ただし金利だけではなく、様々な条件を考慮して借り換えするかどうか判断する必要があります。先ほど述べたように一般に借り換えをすると、同じ金融機関から次の融資を受けることは難しくなります。

また借り換えに伴う手数料もかかります。中には「他行で借り替えた場合はローン残高の2％の違約金が発生します」と明記されていることもあります。

いずれにせよ、抵当権の再設定等で登録免許税や事務手数料が別途かかりますので、よくシミュレーションして総返済額がどの程度減るのかよく見極めてから判断しましょう。

決算期は、借り換えのチャンス

また金融機関にとっては3月9月など決算期に、積極的に借り換えに応じてくれることもあります。私の経験では、ＳＺ銀行で３・９％28年で組んでいた新築のアパートローンを、１年後にアパートの地元のC銀行で借り換え交渉したところ、耐用年数いっぱいの21年で0・７５％という好条件で借り換えができたことがあります。その結果、ＣＦが10万円程度改善しましたし、残債の減りが積算を上回るという好状態をつくり出すことができました。

いつもこのような好条件で借り換えができるわけではありませんが、日ごろから銀行や仲介業者との情報交換を行っていれば、このようなタイミングを捕まえることができるかもしれません。

募集方法・家賃設定を見直そう

家賃設定は、当然周囲のライバル物件の相場や借り手の需要などにより現在の金額に落ち着いてきていると思いますが、退去が発生したときに、次の入居者に選んでもらえるように打てる手は幾つかあります。ここでは

①募集プランの変更、
②リフォームによる付加価値アップ、
について考えて見ます。

複数の募集プランを提案しよう

最近では、敷金0、礼金0のいわゆる00プランを打ち出す仲介業者も増えましたが、例えば敷金がある場合とない場合で家賃に差をつけることが考えられます。

「敷金を0にする代わりに、家賃は3，000円アップします」のように入居者にいくつかのプランを提示して選んでもらうのです。こうすれば「3年以上住みたいから、敷金払っても家賃が安いほうがよい」など入居者が判断することができます。

また閑散期には、「入居を決めてくれたらお好きな家電1つプレゼント」でもいいと思います。とにかく空室期間を最小にするためにいろいろとアイデアを出すようにしましょう。そして管理会社とのコミュニケーションをしっかりとることが大切です。安易に家賃を下げるのではなく、フリーレント1か月など付加価値をつけることで入居者に「お得」感をアピールしましょう。

立地だけは変えられない

このように空室対策はいろいろと手が打てるのですが、1つだけ変えられない、リスクコントロールができないのが「立地」です。「立地」というとすぐ脳裏に「最寄り駅徒歩10分」とか「近くにコンビにあり」などが浮かびますが、ここでいう「立地」とは実はエリアマーケティングのことを指しています。

人口動態（今後の人口変動）を調べてみる

まず、その地域の人口の動態を調べます。日本全体としては少子高齢化が明らかですが、細かく見ていけば、人口が増えているエリアはかなりあります。そこで自分が物件を所有しようと思っているエリアについて人口が増えているのか、それとも減っているのか、年齢別の人口構成はどうなっているのか、などを調査します。

世代（年齢）別人口構成をチェックする

各自治体のHPでも概略はつかめますし、国立社会保障・人口問題研究所（http://www.ipss.go.jp）にアクセスして、【将来推計人口】↓【市区町村別男女5歳階級別データ】の順に開くと、市区町村の将来の年齢別人口の推計がわかります。

今後20年程度の人口の推移を見て、若い世代が増えそうだったらワンルーム、30代、40代が増えそうだったら2DKまたは3DKのファミリー向け、など人口動態にマッチした物件を選びましょう。

各自治体の街づくりマスタープランをチェックしよう

人口減少社会の日本では、各自治体がその生き残りをかけて、コンパクトシティ構想を打ち立てています。これは地方に行けばより深刻になるのですが、都市部でもできるだけ人を集約させて、行政サービスの範囲を限定しようとする取り組みです。

行政側の立場で考えれば、限られた税収の中で、より効率的に住民サービスを提供しようと思えば、今までみたいに広域に住民サービスを提供し続けていたら、費用がかさみ、やがて財政が破綻するという危機感があります。

住民サービス継続地域で不動産経営を行う

そこで各自治体では、「街づくりマスタープラン」を作成し、住民を集約してサービスを継続する地域と、逆に住民を退去させてサービスを打ち切る地域の線引きをしようとしています。

そのため、今後長期にわたり不動産経営を考えていくのであれば、住民を集約していく地域で行う必要があります。

このエリアから外れてしまうと、将来的にサービスを打ち切られる可能性があるので、入居づけは厳しくなることが予想されるからです。

この「街づくりマスタープラン」は各自治体のホームページを見ると確認できます。自分が不動産経営に取り組もうとしちぇいる自治体のマスタープランはぜひチェックしておきましょう。

エリアごとの属性分布をチェックする

次にその地域がどのような人々が好んで暮らしている地域なのか調べます。これは近隣の不動産屋にヒアリングを掛ければ大体は把握できます。単身者が多いのか、若い家族が多いのか、どこに勤めている人が多いのか、などです。

特に影響が大きいのが大学や企業の工場など、多くの人が集まってくるエリアです。大学の近所や向上の通勤エリアでは単身者が多いので、単身者向けのアパートの需要が大きいなど予想がつきます。

大規模施設だけに頼るのは危険

しかし、こういった大規模施設はいったん移転や閉鎖などが起こると、一気に需要がしぼんでしまうケースがあります。最近では、埼玉県狭山市にある本田技研の工場が閉鎖されるというニュースがありました。また神奈川県相模原市や東京都八王子市などは大学生が多く、大学生向けの物件の需要が高かったのですが、近年大学の都心回帰の流れが止まらず、次々とキャンパスの移転が続き、一気に物件が供給過剰になり、空室が目立つようになったエリアもあります。

このように大きな施設の需要だけに頼ったエリアは、その施設の移転等で一気に入居付けが難しくなり、家賃が大きく下がることもありますので、事前に情報を集めておきましょう。

理想的なのは近隣にさまざまな施設があり、たとえ1箇所で閉鎖や移転があっても、他の施設での入居者でカバーできるエリアがおすすめです。

イオンマーケティングは有効

また、意外に参考になるのが、イオンやイトーヨーカドーなどのショッピングモールです。こういったショッピングモールは出店に際し、独自にエリアマーケティングを行い、ターゲットとしている購買層の来店が見込めて、採算が合う場所にしか出店していません。

ですから、モールの近くであれば一定層のファミリーの需要が確実に見込まれるわけです。同じ理由でコンビにもターゲットである単身者の来店が多く見込まれるエリアに集中して出店しています。コンビニが集中しているエリアも単身者向けの需要が見込まれると考えられます。

エリア分析から見えてくること

このように物件を購入する前に、そのエリアの需要と供給のバランスなど、さまざまな角度と目線から分析して、「勝てる」と思えるエリアを攻めていくことが大切です。

過去に経験した例では大病院の近くに、生活保護者向けの中古物件を満室で稼動させている人がいました。物件は古いのですが、内装はきれいにリフォームし、周辺より安い家賃で貸し出して、常に満室で経営していました。

地域のニーズに合わせた物件を探す

どのような人をターゲットにして、ニーズをつかみ、ニーズにあった物件を稼動させるのか。満室になっている物件は偶然満室なのではなく、必ず満室になる理由があるのです。その一番の要因が「立地」です。そしてこの「立地」だけは他の要因と違い後から変えることができません。ですから不動産経営を安定的に行うためには、事前に立地にとことんこだわって選定をする必要があるのです。

7　入居者の退去時の費用をおさえるべし

退去は必ず発生する

不動産経営を行っていれば、必ず退去は発生します。一般的には単身者向けの物件では1年〜4年、ファミリー向けの物件では4年〜10年程度で退去が発生すると見込んでおくとよいでしょう。

退去が発生すると、大家はすぐに退去後の状態を確認し、現状復帰に取り掛かります。このあたりは仲介業者に依頼すればすぐに動いてくれます。

敷金を預かっていれば、その範囲内で対応する

入居時に敷金を預かっていれば、とりあえず敷金の範囲内で復帰ができるか見積もりをします。通常の使用であれば、たいてい敷金の範囲内で収まりますが、中には内部の破損や損傷が大きく、敷金以上に補修費がかかることがあります。

その場合は差額を退去者に請求することになります。この際にどこまでが「通常の使用による経

年変化」でどこまでが「賃借人の故意や不注意で発生した損傷」なのか線引きをするのは結構難しい判断になります。

ガイドラインに沿って請求する

そのため国土交通省から「現状にかかるガイドライン」が出されていて、多くの仲介業者はこのガイドラインに沿って賃借人に現状復帰費用の請求を行っています。

このガイドラインには「A：賃借人が通常の住まい方、使い方をしていても発生すると考えられるもの」と「B：明らかに通常の使用による結果とはいえないもの」に分けて具体的な事例が示されていますので、参考になります。次にその一部を掲載します。

〔図表31　ガイドライン〕

A：賃借人が通常の住まい方、使い方をしていても発生すると考えられるもの	B：明らかに通常の使用による結果とはいえないもの
畳やフローリングの色落ち	カーペットに飲み物等をこぼしたことによるシミ、カビ。冷蔵庫下のサビ跡
テレビ、冷蔵庫等の後部壁面の黒ずみ（いわゆる電気ヤケ）	台所の油汚れ、結露を放置したことによるカビ、シミ。タバコ等のヤニ・におい
壁等の画鋲、ピン等の穴（下地ボードの張替え不要	落書き等の故意による毀損
網戸の張替え	飼育ペットによる柱の傷・におい
鍵の取替え（破損・紛失のない場合）	鍵の取替え（破損・紛失のある場合）
全体のハウスクリーニング（専門業者による）	ガスコンロ置き場、換気扇等の油汚れ
エアコンの内部洗浄、トイレ、台所の消毒	風呂、といれ、洗面台の水垢、カビ等

一般的にはハウスクリーニングが一部屋1万5千円～2万円程度ですので、敷金を受

け取っていればその範囲内で収まります。しかしペット可の物件であれば、床や柱の傷の修復で6万〜10万円程度かかるのは普通ですし、損傷の程度によってさらに追加費用が発生することもあります。

喫煙者による「被害」は結構深刻

私の例では、ワンルームの部屋の喫煙者が2年後に退去した際に、通常のハウスクリーニングでは、タバコのヤニ汚れやにおいが取れず、クロスを全面張り替えて、エアコンの内部洗浄、換気扇、火災報知機等の分解洗浄（中までヤニが染み付いていた）等で15万円以上かかった経験があります。

当然ガイドラインに沿って、入居者に一部請求しましたが、なかなか支払いに応じず管理会社がてこずったケースがありました。入居時の契約に禁煙条項を盛り込むなどの対策をとってもよいかもしれません。

8　個人と法人による賃貸経営の違いとは

個人と法人での税率の違いを知っておこう

５章３でも述べましたが、個人の場合は所得に応じた「所得税」＋住民税（10％）が課せられます。教師を含む公務員や会社員は、所得税、住民税はすべて給料天引きで特別徴収されています。そのため、普段所得税の金額についてあまり実感をもてないのが実情だと思います。（私もそうでした）

〔図表 32　法人と個人の税率の違い〕

個人：所得税＋住民税

課税所得金額	税率 （住民税込）	控除額
～１９５万円以下	１５％	
１９５万円超～３３０万円以下	２０％	９７.５００円
３３０万円超～６９５万円以下	３０％	４２７.５００円
６９５万円超～９００万円以下	３３％	６３９.０００円
９００万円超～１８００万円以下	４３％	１.５３６.０００円
１８００万円超	５０％	２.７９６.０００円

法人：法人税

課税所得金額	税率
～４００万円以下	約２２％
４００万円超～８００万円以下	約２５％
８００万円超	約３８％

法人化のメリットとは

しかしもし物件の規模が大きい場合や、物件を買いまして行った場合、個人ではなく、法人で取得したほうが節税になるのでしょうか？　いったい法人化のメリットって何なのでしょうか？

法人化を考える上で判断材料になるのが、個人と法人の税率の違いです。個人は「所得税」、法人はもちろん「法人税」です。税率は次のとおりです。

図表32で示したように課税所得金額が低いうちは、個人の税率のほうが低いのですが、課税所得税額が９００万円を超えると法人税のほうが低くなります。

そのため個人の不動産所得だけで課税所得が９００万円を越えている場合は、次の物件は法人で購入したほうが節税になります。

給与所得者は税率を確認しよう

しかし、教師を含む公務員や、会社員はすでに給与所得がありますから、今の年収で税率が何％なのか確認する必要があります。家族構成などによる取得控除額により課税所得が変わってきますので、すでに年収９００万円を超えているような場合は、個人の所得税率が30％に達している可能性が高いので、１棟目から法人で購入した方が節税になります。

逆に年収がそこまで行かなくても、所得がたくさん発生する（ＣＦが潤沢な）規模の大きな物件を購入するのであれば、最初から法人で購入することも考えられます。

個人と法人、税率以外で何が違うのか

①損失の繰越

不動産経営を行っていると、損失が発生することがあります。損失については繰越が可能なのですが、その繰越できる期間が個人と法人では違います。個人の場合は不動産所得がマイナスになった場合、他の所得と合算してもさらにマイナスの場合は、そのマイナス分を3年間まで繰り越すことができます。

しかし法人であれば、なんとマイナス分を最高9年間まで繰り越すことが可能です。このように長期にわたって損失分を繰り越せるので、逆に利益が多く出た年に損益通算することで利益を圧縮し、納税額をコントロールすることが可能になります。

②売却益に対する税金

特に売却時に発生した売却益に対する税金に対する考え方が、個人と法人では大きく異なります。個人の場合は、もし5年以内に売却をした場合の売却益については、短期譲渡所得という扱いになります。

この場合の税率は、所得税30％、住民税9％の合計39％になります。しかし5年以上所有し売却した場合は、長期譲渡所得扱いとなり、所得税15％、住民税5％の合計20％で、他の所得とは分離して課税されます。

一方で法人であれば、もし売却益が発生しても、個人のように分離課税ではなく、所得に応じた

税率で課税されます。（図表32）なので、もし仮に短期で売却したとしても、個人の場合より税率は個人の場合より低く抑えられます。

③減価償却費の取り扱い

個人の場合は、決められた計算式によって計算した年間の減価償却費は、不動産所得の金額に関わらず、（たとえ不動産所得がマイナスであっても）全額を経費にする必要があります。その結果見かけ上利益が圧縮されるので、税金は減りますが、金融機関の目線では「利益が出ていない」と言う評価につながってしまうことも考えられます。

しかし法人であれば決められた計算式で算出された年間の減価償却費の範囲内であれば、経費にする金額を自由に決めることができます。これを任意償却と呼びます。(個人は強制償却)そのため、利益が少なかった年の減価償却を少なめに設定することで、損益計算書をプラスにすることも可能になります。金融機関に対する印象を良く見せることが可能です。

④保険料の取り扱い

個人で各種保険に入っている方がほとんどだと思いますが、その場合の保険料控除額は、生命保険、年金保険、介護保険それぞれ最高４万円で合計でも12万円までです。

しかし法人の場合は、必要な要件を満たせば支払った保険料全額を控除することができるのです。こと保険に関しては法人の方が有利だといえるでしょう。

⑤人件費の活用

よく言われることですが、「法人化の最大のメリットは?」と聞かれたときに、真っ先に思い浮かぶのが人件費の活用です。

個人の場合でも、青色申告をしていれば、専従者給与として、家族に給料を払うことで所得を分散させることができるものの、もし家族が会社員等であれば、給与を払うことができないなど制約が多いのですが、法人で不動産を所有していれば、家賃収入を得て利益が発生するのは法人なので、もし家族が法人の役員であれば、役員報酬を支払うことで、利益を圧縮することが可能です。

もし仮に法人で300万円の利益が出ていたとしても、他に仕事のない役員3人にそれぞれ100万円ずつ役員報酬として支払えば、所得分散により全体の税率が下がるので、法人全体の税金を圧縮することができます。

家族を最大限に活用し、利益を圧縮させることで税金を下げ、節税を行うことができる点では、法人のほうが個人より有利であるし、納税に対する自由度が格段に広がります。その意味で、最初から法人を設立できるならばそのほうがよいと思います。

9　賃貸経営を通じてマネーリテラシーを身に着けよう

「お金」に無頓着な教師が多すぎる

教師は教科教育のプロですから、自分の専門分野の知識や技能を生徒に伝えることができます。

これば教師が専門職である所以です。しかし私の長い教師人生で出合った多くの教師たちを見ていると、こと「お金」に関してはまるで無頓着で、預金や貯蓄を全くしていない人たちがびっくりするくらいたくさんいます。

50代で「いや～貯金がなかなかたまらなくてね」などとのんきなことを言っている人も結構います。ほとんどの教師たちに共通しているのは、将来に対する危機感が決定的に掛けていることです。「なぜ何もしなくてそんなに平然としていられるのだろう・・・?」と考えてみましたが、１つには良くも悪くも「公務員」である、と言うことなのです。

毎月一定の給料を受け取ることで危機感が薄れてしまう

「公務員」は給料が下がりません。ボーナスは下がることもありますが、その下げ幅は微々たるものです。

民間企業のように業績しだいでボーナスが大きく増減することがないので、「給与・賞与が減らさせる！」と言う危機感が生まれにくいのです。

バブルを経験している50代以上はキケン

もう１つの原因は、特に今の50代以上はバブルの頃の雰囲気を知っているので、「普通に暮らしていれば、退職まではこのまま生活できるし、その後も退職金と年金で何とかなるだろう」と今自分が「ゆで蛙」になっていることに気がつかないのです。

しかし、現実は厳しいものがあります。私が教師になった頃、先輩教師の退職金は、最後の給与月額の65か月分支給されていましたが、現在は最高で45か月分に減額されました。この原稿を書いている2017年12月には更なる減額が検討されていて2018年から実施されるという情報が伝わってきています。

いったい退職金だけで何年生き延びられるというのでしょうか？

年金財政はとっくに破綻している

老後の収入の柱となるはずの年金もすでに財政が破綻していることはよく知られています。私より上の世代は、60歳から満額が支給されていましたが、私たちは65歳支給開始です。60歳で定年退職した後の「空白の5年間」をどうやって生き延びるのか、その戦略すら持ち合わせていない仲間が大勢います。しかも政府は年金制度が持続不可能なことは良くわかっているので、いつルールを変えて支給開始年齢を引き上げるかわかりません。老後の収入減少リスクは高まる一方なのです。

ややこしい税金の計算は事務にお任せ（丸投げ？）

公務員である教師は、（私立校の教師も含めて）税金は天引きなので、自分の所得税がいくらで税率が何％なのか答えられる人はほとんどいません。

年に一度年末調整の際に源泉徴収票が渡されますが、その票の見方さえわからない人がほとんどです。

たまに医療費がたくさんかかった年に、「確定申告すれば少し税金取り戻せますよ」と事務の方に言われても「面倒だからいいです」と言う人がほとんどです。教師の税金に対する知識は圧倒的に不足していて、ほぼ事務にお任せ（丸投げ）なのです。国税庁のサイトにアクセスすれば、ネット上で確定申告を作成することができます。面倒がらずにチャレンジしてみましょう。

営業マンに言われるまま、不要な保険に加入している

毎年４月に新卒の教師が入ってくると、早速情報を聞きつけた保険のセールスレディが職場にやってきます。彼女たちにとって若い教師は絶好の「カモ」です。

そんなセールスレディたちはまだ20代独身の若者たちに終身型生命保険を売り歩いているのです。しかもさまざまな特約をたっぷりつけた見積書を作成し、「若いうちに加入しておけば一生安心ですよ」などの営業トークで契約させていきます。

無知な教師はいろいろと「カモ」にされる

かく言う私も新卒の頃、先輩教師が「わざわざ」連れてきた保険の営業マンの勧誘を受け、先輩

の手前断ることができず、終身保険を契約してしまったことがあります。

でも、冷静に考えてみてください。生命保険は「自分にもしものことがあったときに、残された家族の生活を守る」ために加入する保険ですよね。子どももなく、親も元気で働いている独身時代に、生命保険に加入する理由なんて何もないんです。無知なばっかりにたくさんのお金を無駄にしてしまったことを、今は大変後悔しています。

そんなわけで、若い世代の皆さんには、ぜひしっかりとしたお金の運用の知識と経験を身につけてもらいたいと思います。その1つの手段として、本書では、副業としての不動産経営を強くおすすめしています。

お金の運用「攻め」と「守り」

お金の運用には、積極的にお金を増やしていく「攻め」の運用と、無駄な出費を省く「守り」の運用があります。30年以上前のバブルの時代には、郵便局（現ゆうちょ銀行）の定額貯金が半年複利で8％超え、などという高金利がついていたこともありました。

他にも無記名の割引金融債（ワリショー、リッショーなどという名前で誰でも窓口で買うことができた）が多数売り出されていて、政治家が脱税に使って逮捕されたりした時代もありました。

しかしご存知のように、今は史上空前の低金利、マイナス金利の時代で、金融機関にお金を預けても、利息は微々たる物でとても「攻め」の運用とは言えません。

ゼロサムの世界で成果を上げられるほど甘くない

かと言って株や債権、為替、先物、オプションなどの市場取引は基本的にマーケットにおいてゼロサム（一方が利益を得たらもう一方は損をしていて全体としてはプラスマイナスゼロ）の世界で勝者は少数で、敗者が多数の世界です。

リスクが高く、運用と言うより「投機」に近い性質のものです。

一日中ＰＣに張り付いて売買を繰り返すデイトレーダーでさえ生き残るのが難しい世界なのに、知識も経験もましてや日中取引する時間もない教師にできるわけがありません。これらは最初から資産運用の選択肢にはなり得ません。

では、われわれ超多忙な教師ができる「運用」は何か？　と考えたときに輝きを増すのが「不動産経営」なのです。

他人に任せて運用できるのが「不動産経営」

不動産の場合、取得、経営、売却、各段階ですべて専門家に任せることができます。

仕組みさえできてしまえば、本人が立ち会うのは契約時と、売却時くらいで、毎月の運用は管理会社から報告を受けるだけ、もし指示や判断が必要なときでも電話やメール、ＦＡＸですべて事足ります。

すなわち「職務に専念」しながら経営ができて、副収入が得られる点が、最大のポイントなのです。

〔図表 33　20 世紀型モデル〕

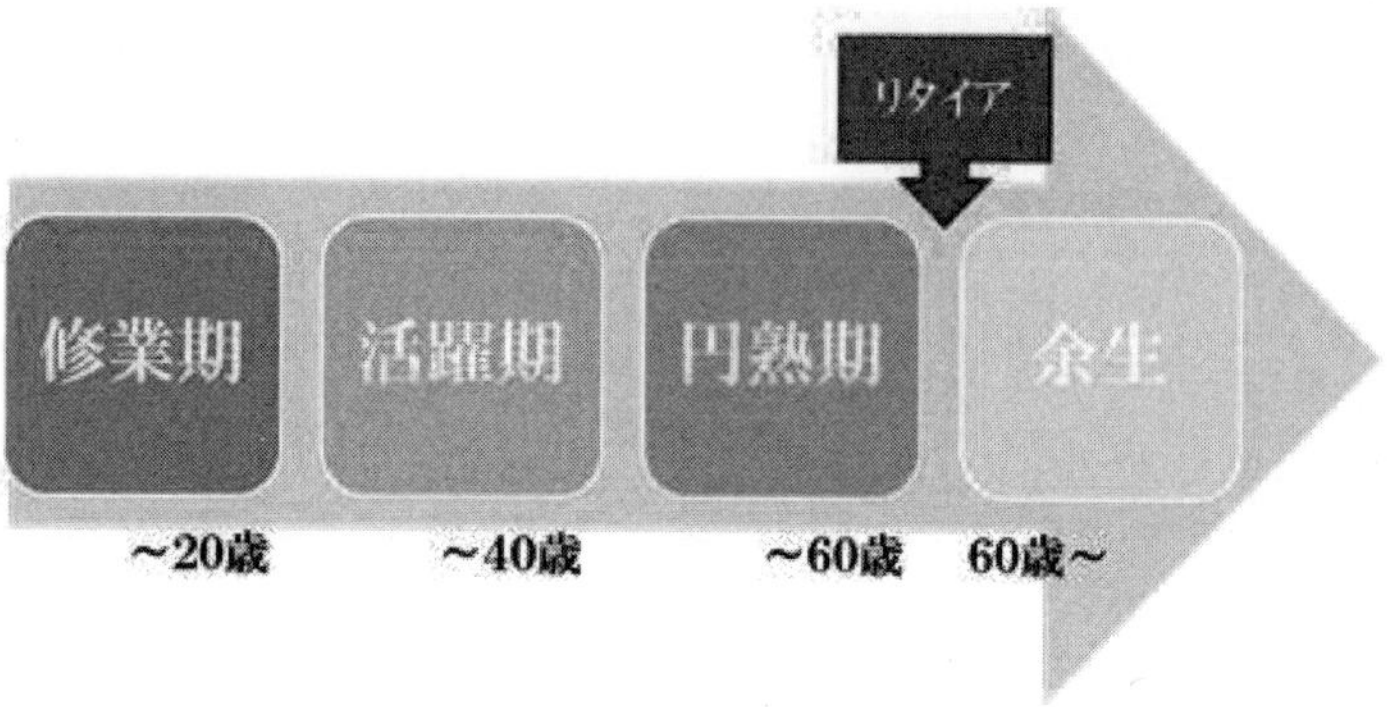

経営することで、お金に関する知識とセンスが身につく

日本は本来「申告納税」の国家ですから、自分で納めるべき税金は、自分で計算して、自分で納税するのが当たり前で、自営業の人たちは皆さんそうしています（もちろん顧問税理士のアドバイスを受けてですが）。しかし、サラリーマンは源泉徴収で強制的に国に天引きで徴税されてしまうので、税金に対する感覚が身につかないのです。

不動産オーナーは立派な事業経営者

しかしたとえ一戸でも不動産を所有すれば、給与以外の収入が生まれるので、確定申告が必要になります。確定申告をすれば、税金の仕組みが理解できます。「経費」や「減価償却」といった概念も身につきます。徐々にお金に対する知識理解（マネーリテラシー）が身についてくるのです。

〔図表34　21世紀型モデル〕

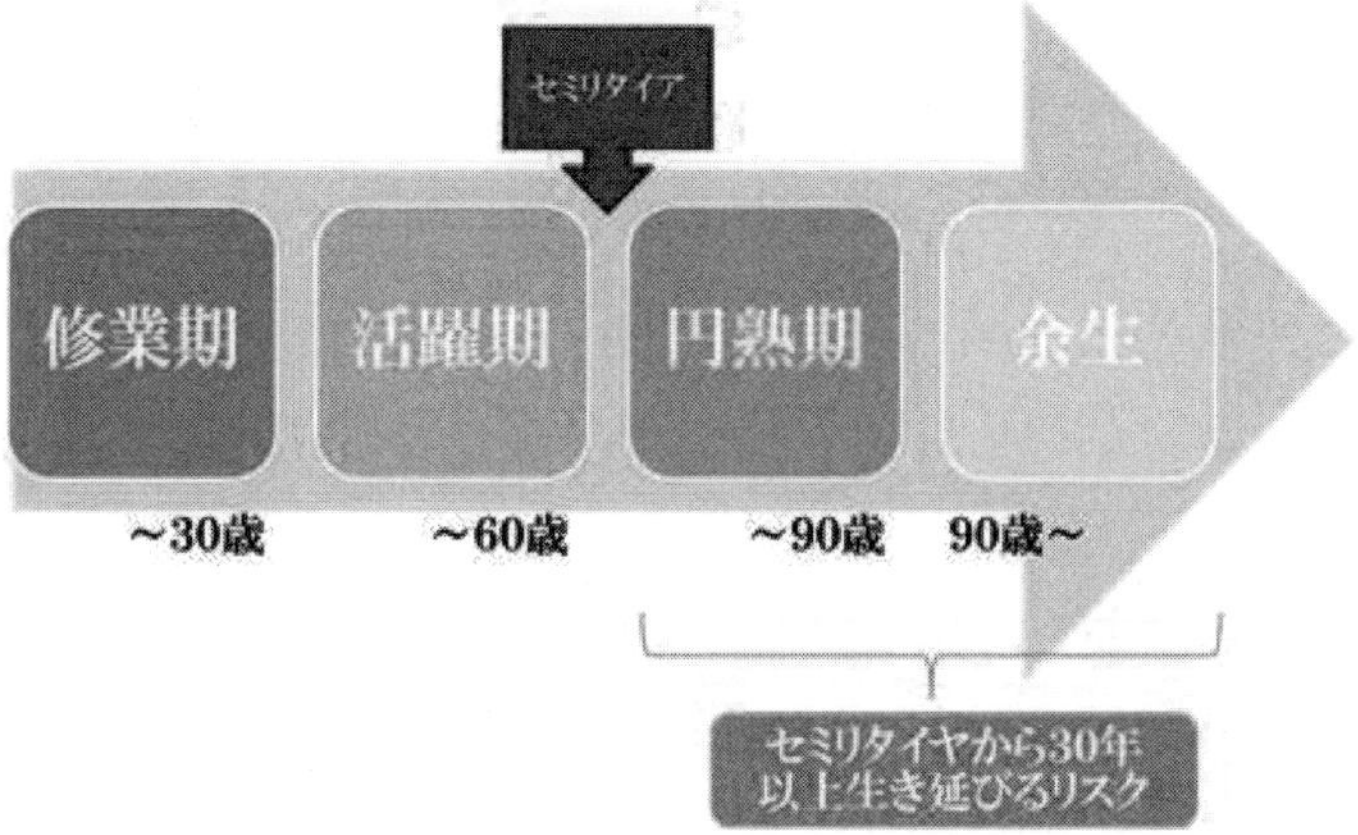

私も不動産経営を行うようになってから、すべてレシートは保存するようになりました。今は税理士と相談しながら、「適正に」経費を申告して、源泉徴収で取られた税金の一部を取り返すことができています。自分でしっかりと稼ぎ、納税額を計算し、適正に納税する。これは、本来国民の「義務」です。

しかし、公務員であるがゆえに、教師たちはこの「義務」に対して非常に鈍感な人が多いのです。

次期学習指導要領の改訂では「道徳」が教科になることが決まっていますが、私はむしろ「保険・税金・年金科」という教科を新設して義務教育段階で教えるべきだと考えています。

10　人生90年時代の過ごし方

20世紀型モデルはもう通用しない

平均寿命が70代だった20世紀はすでに過去のもの

になりました。公務員である教師を含めて、今も昔も定年はおおむね60歳のところが多いですが、図票33に示すように、20世紀型モデルは、20歳前後までが「修行期」で遅くとも20代前半には一人前になって仕事に就いて結婚して家庭を持つ。

そして次の20年間はバリバリ働いて社会に貢献する。40歳を過ぎれば円熟期を向かえ、後輩の指導や仕事の集大成を成し遂げて、60歳で定年退職、ここから先はおまけの人生として余生を送る…といったライフプランが一般的でした。

また年金等の制度設計も、60歳から支給されるように設計されていました。

残念ながら、この20世紀型モデルは、今の少子化社会では、既に適用しなくなっています。

平均寿命は延びている

しかし、21世紀に入り、日本人の平均寿命はどんどん延びています。２０１６年現在で男性が81歳、女性は87歳まで延びてきています。こうなると20世紀モデルはもう役に立たなくなってしまいます。

そこで新たに21世紀モデルを考えて高齢化社会に対応した生き方を自ら構築していく必要があるのです。本来寿命が延びて、人口が減っていけば、60歳定年制を見直し、高齢者がもっと働き続けないと、経済や産業は維持できなくなります。しかし65歳定年制が導入されるのは、もう少し先になりそうです。ですから「今」を生きているわれわれは、自分で長い老後を生き抜くための準備をしておかなければならないのです。

60歳からは第2の人生が待っている

また60歳から第2の人生をスタートさせることだって十分可能です。

まだまだ気力も体力も充実していますから、職業の選択肢も、今の職場での再任用以外にいろいろと広がってきています。

今は60歳を越えても元気なお年寄りが増えています。具体的には、21世紀モデルでは60歳以降を「円熟期」と位置づけて、それまで蓄えた知識や経験を活用しながらさまざまな社会貢献をしていく必要があると考えます。

「運用」こそ円熟期にふさわしい

その際に、社員や自営業などの、時間に縛られる仕事ではなく、お金を運用して収入を得る「投資家」として社会貢献ができればそれに越したことはないと考えます。

業務のほとんどを外注できて、貴重な自分の時間や労力を犠牲にしなくて済む不動産経営は、まさに60歳から90歳までの老後の安定収入を得るにはピッタリだと思います。

キャッシュフロー・クワドラントとは

ここで、有名なキャッシュフロー・クワドラントについて触れておこうと思います。これはロバートキヨサキ氏がその著書「金持ち父さんのキャッシュフロー・クワドラント」の中で「どんな人でも、お金を稼いでいる人であれば、この4つのタイプのどれかに属している」と述べているものです。この考えを簡潔に表したのが、図表35のキャッシュフロー・クワドラントの4分割円です。

Employee　とは

4分割円の左側は、自分で働いてお金を稼ぐ稼ぎ方をあらわしています。公務員を含めてサラリーマンはすべて左上のEmployeeに属しているといえます。労働の対価として報酬を受け取っているのがこのカテゴリーに属する人たちです。

Self Employee　とは

また自営業に従事している皆さんは、左下のSelf Employeeに属しているといえるでしょう。たくさん働けば収入を増やすこともできるでしょうが、その分負担も大きくなります。一方で、4分割円の右側は、自分では働かずに、人やお金を働かせてお金を稼ぐ稼ぎ方をあらわしています。

Business Owner　とは

企業の社長は右上のBusiness Ownerです。社員に働いてもらうことで利益を得ています。しかし経営者ですから、社員とその家族を養っていくという大きな責任が発生します。

企業にとって社長は最終責任者ですから、やはり大きなストレスを抱えながら企業を経営していくこ

〔図表 35　キャッシュフロー・クワドラントの４分割円〕

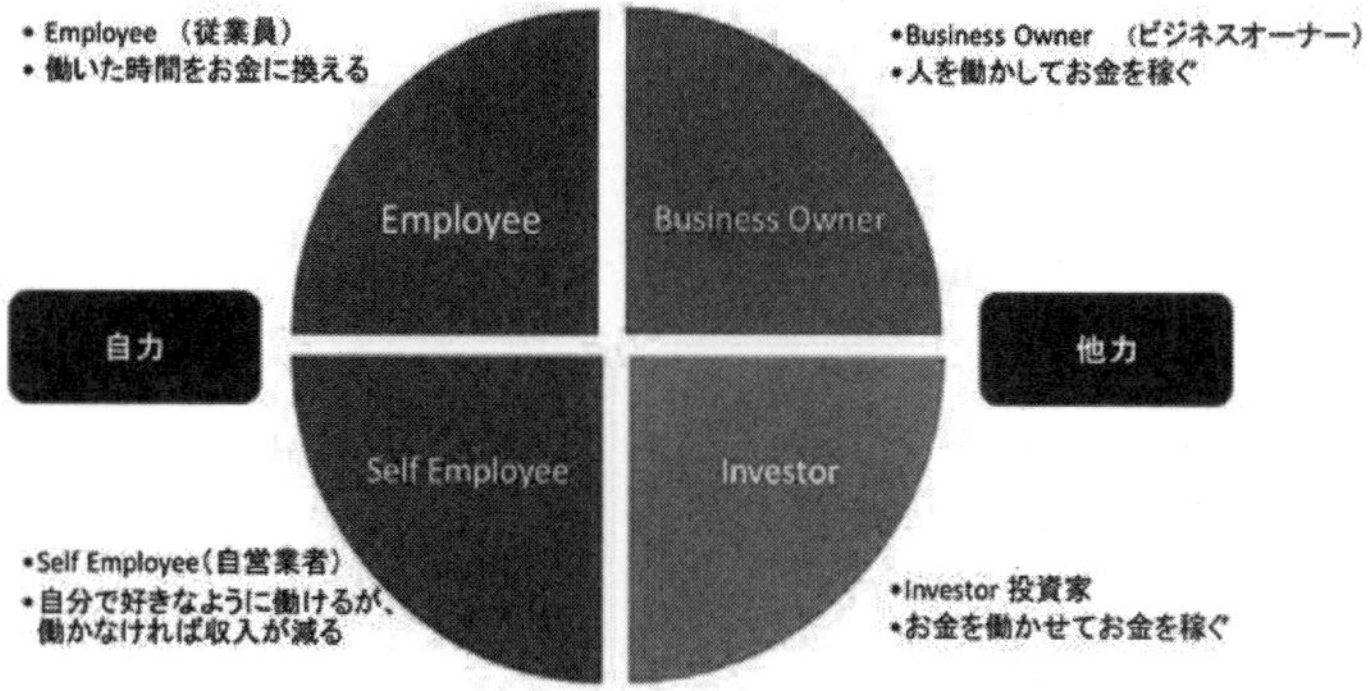

とになります。

Investor　とは

右下の Investor は人の代わりにお金に働いてもらって収入を得ている人たちです。「投資」というと「株式」や「債権」などを思い浮かべる方も多いと思いますが、先に述べたように日々市場で取引されている有価証券は、「ゼロサム」取引なので、リスクが高く、初心者が継続的に利益を上げることは大変困難です。

若いうちから十分経験をつんでリスクを理解しコントロールできる方は別ですが、「退職金が入ったから株取引でも始めてみるか・・」などと安易に手を出すと、たいていの場合は損失をかぶることになります。

現に私の先輩たちで、銀行や証券会社がすすめるままに有価証券を購入して、含み損を抱えている、と言うケースは少なくありません。銀行や証券会社は、「あなたが儲かる金融商品」をすすめてくれることはありません。彼らがすすめてくるのは「手数料が高く、自分たちが儲かる金融商品」なのです。

マーケットは完全に自己責任の世界です。大勢のプロ達が利益を求めてしのぎを削っている世界なのです。素人が簡単に勝ち続けられるほど甘い世界ではないことを認識すべきでしょう。

やはり、安定して収入を得るには不動産経営が一番

となると、リタイアした高齢者が、低いリスクで取り組める投資として、最も適したものが「不動産経営」ではないでしょうか。不動産は、きちんと経営すれば毎月確実に家賃収入が得られ、手間もほとんどかかりません。

でも、退職してから「さて、どうやって・・・？」と考え始めるのでは、準備不足であることは否めません。そこで私は現役でバリバリ働いている「活躍期」の皆さんに、来るべき円熟期に備えて不動産経営をスタートさせておくことをおすすめしています。

11　在職中の心構えで、退職後の景色が全然違う

活躍期にある今こそ、円熟期を迎える準備をしておこう

毎日子どもたちのために全力で指導に打ち込んでいる教師の皆さん。本当にお疲れ様です。

本書を手にとられている方の中には自分の時間や家族との時間を犠牲にして、子どもたちの成長

を願って授業やさまざまな指導に取り組まれている方が大勢いることを私は知っています。

忙しい教師の皆さんにこそ、リタイア後は安心した生活を手に入れてほしい

でもそんな充実した「活躍期」を送っている皆さんだからこそ、来るべき「円熟期」はお金の心配から開放されて、好きなことに好きなだけ打ち込める状況をつくっていただきたいのです。

もしそんな状況がつくれないとすると、現役時代に多くの自分の時間と労力を捧げてきたにもかかわらず、報われることが少ないリタイア生活になってしまうことが残念でたまりません。

家族に恩返しをしないと、計算が合いません

また教師である皆さんは、現役時代はおそらく家族にもそれなりの犠牲を強いてきた方も多いのでは・・・？と推測します。教師生活を最後までやり抜くには、家族の理解は必須です。

でも家族の犠牲の上に成り立っている教師生活が一段落したら、次はご自分とご自分の家族の幸せを第一に考えて生活する時間が持てないと、人生計算が合いません。

安定した副収入を得るための不動産経営

私は今まで本書で、教師が副業として不動産経営を行うことの重要性を述べてきました。「活躍期」に充実して子どもたちの教育に打ち込んでいらっしゃる皆さんだからこそ、来るべき「円熟期」を

ご家族と共に充実して過ごしていただけるよう、不動産経営をスタートさせておくことを強くおすすめしているのです。

情報社会　＋　高属性　＝　勝てる可能性が高い

今は、ネットが発達して、たいていの情報はネット上から得られます。帰宅後や週末の隙間の時間でも十分有意義な情報は得られます。また教師の皆さんは「高属性」ですから金融機関も喜んで融資を出してくれます。正しい物件を選び、正しい融資を引くことができれば、不動産経営はほぼ安定的に利益を出してくれます。

そして物件の管理や税務処理は、すべて専門家に依頼することができるので、ほとんどオートマチックに経営を続けることができる仕組みがあるのです。

何と言ってもこのように手間無しで安定した収益が得られる仕組みは不動産経営を置いて他にはないと思います。

実り多き円熟期のために、今できること

多忙な教師の皆さんにこそ、不動産経営の魅力を知っていただき、ぜひ最初の一歩を踏み出していただけることが私の願いであり、本書を通して皆さんに訴えたいことです。

ぜひ一緒に不動産経営を通して豊かで実りある「円熟期」を過ごすための準備を始めていきましょう。

あとがき

最後まで読んでいただき、ありがとうございました。本書は、偶然不動産経営に関わるようになりさまざまな失敗を経験してきた私の、25年以上にわたる経験を基に不動産経営の可能性を広く知っていただくことを目的に書いたものです。

不動産経営というと、一昔前は地主の相続税対策であって一般人、特にサラリーマンには無縁のもの、という雰囲気がありましたが、最近では、「不動産経営」という言葉も各種メディアに頻繁に登場し一躍ブームになった感があります。しかし本書では「不動産経営」ではなく、あくまで「不動産経営」の視点から皆様にそのメリットについて記述することを心がけました。一部の「ラッキーな人」だけが結果を残せる方法ではなく、誰でも無理なく取り組める再現性のある方法を紹介しています。

本書に目を向けてくださった皆様は、おそらく超多忙な教師を含む公務員の皆様や、会社員の皆様がほとんどだと思います。そんな時間的・精神的余裕が持てない皆様だからこそ、現役時代に不動産経営をスタートさせておくメリットはたくさんあります。私は本書が、そんな皆様が最初の一歩を踏み出すきっかけになってくれることを願っています。

最後になりましたが、本書の出版に際し全面的に御支援いただいた、不動産投資家育成協会認定講師の皆様、とりわけ代表の長岐隆弘様、及びインプルーブ、小山睦男様に心より感謝申し上げます。

けやき　みきお

著者略歴

けやき　みきお

東京都出身。

東京学芸大学大学院教育学研究科修了。現在、公立中学校に教師として勤務。

一般社団法人　不動産投資家育成協会認定講師。

高校時代はラグビーに明け暮れ、将来の目標を考えることもなく、とりあえず大学に進学することだけを目標にしていた。高校卒業後、どうしても家を出たくて一浪して地方の国立大学に入学するも、目標を見失い中退に追い込まれる。一年間全国各地でバイトしながら自分を見つめなおし、たまたま引き受けた中学生の家庭教師で、指導の難しさを味わうとともに子どもが「わかる」喜びに感動し、教師になることを決意した。再度の受験勉強を経て東京学芸大学に入学。

卒業後は、願いがかない、中学校の教師としてスタートを切ったが、部活指導に追われ、土日のないハードな生活を送る。この頃、高校時代の友人の言いなりで、地方のワンルームマンションを購入したことが、私とアパマン経営との出会いであった。しかしそのマンションの価格は相場よりはるかに高かったことを後から知る。

結果このマンションは、その後25年以上にわたり赤字を出し続け私を苦しめることとなった。アパマン経営は自己責任で行うものであることを痛感させられた。

結婚し、子どもも生まれ、順調に教師としてのキャリアを積んできた。やりがいを感じ、仕事の面ではとても充実した日々であった。一方、毎日12時間以上に及ぶ長時間勤務に加え、土日も部活動の指導や引率で、休日がほとんどない生活を続け、次第に疲弊していく自分がいた。同じく公務員である妻からは「どうせウチは母子家庭ですから」と愛想をつかされていた。

50歳を過ぎ、退職後のライフプランを意識するようになり、自己年金を確保しようと考え、一棟物の新築アパート経営を始めた。妻の理解もあり、2人で順調に物件を買い増し、夫婦で6棟の物件を全国各地に所有することができた。その結果、年間のCF（キャッシュフロー＝手取り家賃収入）が400万円を超えた。このとき初めてアパマン経営の魅力を知った。

現在は、次の時代を担う教師の育成が、残された時間での自分のミッションであると自覚し、人材育成に取り組んでいる。若手と議論することで彼らが力をつけてきていることが最大の喜びである。

職場では管理職となり、仕事は充実。現在は、次の時代を担う教師の育成が、残された時間での自分のミッションであると自覚し、人材育成に取り組んでいる。若手と議論することで彼らが力をつけてきていることが最大の喜びである。

現在は、自分自身の不動産経営を安定的に行いながら、自らの経験を基に、現在子どもたちのためにすべての時間と労力をささげ、頑張っている後輩たちのために、不動産投資家育成協会の認定講師として、彼らのマネーリテラシーの向上を実現させるために取り組んでいる。
◇趣味嗜好：生涯の趣味はスキー、師匠と定めた先輩から手ほどきを受けて、30代で基礎スキー技能検定1級を取得、現在でも時間が取れれば雪山に向かう。ごく普通のご飯のおかずを肴に、晩酌をするのが無上の喜び。

アパマン経営こそ教師にピッタリ!

生徒指導に打ち込む超多忙教師の老後の副収入・お金を増やす仕組みづくり

2018年3月9日　初版発行

著　者　けやき　みきお　©Mikio Keyaki
発行人　森　　忠順
発行所　株式会社 セルバ出版
〒113-0034
東京都文京区湯島1丁目12番6号 高関ビル5B
☎03（5812）1178　FAX 03（5812）1188
http://www.seluba.co.jp/
発　売　株式会社 創英社／三省堂書店
〒101-0051
東京都千代田区神田神保町1丁目1番地
☎03（3291）2295　FAX 03（3292）7687

印刷・製本　モリモト印刷株式会社

Printed in JAPAN
ISBN978-4-86367-404-2